DER GROSSE
Begabungstest

moses.

Wir danken den Firmen JAKO-O und Eurocamp für die freundliche Überlassung der im Folgenden genannten Bilder.

© der Fotos auf den Seiten 16, 19, 21, 35, 36, 46 und 49 bei JAKO-O,
Bad Rodach

© des Fotos auf der Seite 24 bei Eurocamp, Hamburg

Wir bedanken uns bei Jil Bauer für die Zeichnung auf der Seite 25.

Der Verlag hat sich mit allen ihm zur Verfügung stehenden Mitteln bemüht, die Rechteinhaber der in diesem Buch benutzten Bilder und Zitate ausfindig zu machen. In den Fällen, in denen die Auffindung der Rechteinhaber nicht möglich war, bittet der Verlag freundlichst um Kontaktaufnahme und Genehmigung des Abdrucks.

Die Ratschläge in diesem Buch sind von den Autoren und vom Verlag sorgfältig erwogen und geprüft worden. Dennoch kann eine Garantie nicht übernommen werden. Eine Haftung des Verlags für Personen-, Sach- und Vermögensschäden ist ausgeschlossen.

© 2002 moses. Verlag GmbH

moses. Verlag GmbH
Hülser Straße 21-23
47906 Kempen
Telefon 0 21 52 – 20 98 50
Telefax 0 21 52 – 20 98 60
E-Mail info@moses-verlag.de
www.moses-verlag.de

ISBN 3-89777-104-7

Alle Rechte vorbehalten. Die Reproduktion, Speicherung und Verbreitung dieses Buches mit Hilfe elektronischer oder mechanischer Mittel ist nur mit Genehmigung des Verlags möglich. Auch eine auszugsweise Veröffentlichung außerhalb der Grenzen des Urheberrechts bedürfen der schriftlichen Zustimmung des Verlags.

Layout, Typografie & Satz: Anja Bauer
Einbandgestaltung: Anja Bauer
Lektorat: Gabriele Jahn
Redaktion: Daniela Schönkes

Printed in Germany

Inhalt

Begabungen dem Zufall überlassen?	4
Sieben Begabungsfelder – der Abschied vom IQ	8

   1. Logisches Denken   12

   2. Sprachliche Fähigkeiten   18

   3. Räumliches Vorstellungsvermögen   22

   4. Kreativität   28

   5. Praktische Begabung   34

   6. Sportlichkeit und Körperkoordination   38

   7. Musikalität   44

Soziale Kompetenz   50

Der Test   58

Das Begabungsprofil   98

Fördertipps   108

Interessante Adressen   126

Fachbegriffe und Fremdwörter   130

Literaturliste   134

Begabungen dem Zufall überlassen?

„Früh übt sich, wer ein Meister werden will." Jeder kennt sie, diese Redensart. Und jeder weiß, dass viel Wahres in ihr steckt.

Aber was soll da geübt werden?

Die Antwort ist ganz einfach: Die vielfältigen Talente und Begabungen, die jeder hat.

Das Problem ist nur, dass nicht alle von ihnen offensichtlich sind. Einige liegen auf der Hand, andere werden oft erst spät entdeckt, manchmal zu spät, um sie noch voll entfalten zu können.

Schon im Kindergarten kann man immer wieder erleben, dass manche Kinder erstaunlich gut mit Zahlen umgehen können, andere hingegen sehr redegewandt sind. Einige Kinder entwickeln ein großes Einfühlungsvermögen, wenn es um das Wohl ihrer Freunde geht, andere sind wahre Konstruktionsgenies oder finden zu allen Problemen des Alltags die passende Lösung.

Nicht immer zeigen sich Talente so deutlich und so früh, dass ihnen die richtige Förderung und Unterstützung zuteil wird. Um aus einem Talent eine richtige Fähigkeit, vielleicht auch später einmal einen erfolgreichen Beruf zu machen, ist aber gerade das notwendig.

Neuere Untersuchungen zur Frage „Vererbung oder Umwelt" zeigen, dass der Einfluss der Gene größer ist als erwartet. Sie bestimmen wesentlich die Stärken und Schwächen eines Menschen mit.

Die Anlagen, denen wir in dem vorliegenden Begabungstest unsere Aufmerksamkeit widmen, sind nach Stand des heutigen Wissens zu 40 bis 70 % an der Entwicklung, den Leistungen, Erfolgen und Misserfolgen eines Menschen beteiligt.

In unserem Begabungstest „messen" wir diese Talente, so wie man Fieber mit dem Thermometer oder Körperlänge mit dem Maßband misst. Begabungstests sind nur etwas komplizierter und müssen, wie andere Messgeräte auch, geeicht und geprüft sein, damit man sie sinnvoll einsetzen kann. Außerdem muss gewährleistet sein, dass ein Test genau misst und dass er das misst, was er mes-

sen soll, zum Beispiel logisches Denken oder musikalisches Gehör. Nach diesen Kriterien sind unsere Tests ausgewählt.

Die vorliegenden Tests richten sich an die Altersgruppe der Sechs- bis Zwölfährigen, denn gerade in diesem Alter werden sehr viele wichtige Entscheidungen getroffen: die Wahl des Schultyps, der Sportarten, der Musikinstrumente, der Freizeitaktivitäten. Unsere Tests können und sollen bei diesen schwierigen Entscheidungen Hilfe und Unterstützung bieten.

Neben den genetischen Anlagen eines Kindes spielt das Umfeld eine weitere wichtige Rolle. Es wird von vielen Faktoren bestimmt: von Engagement und Einstellung der Eltern, von ihrer Einkommens- und Bildungsschicht und ihren Berufen, von Qualifikation und Engagement der Lehrer, von Freunden, Vorbildern, persönlichen Erfahrungen, der individuellen Lernumgebung und nicht zuletzt auch von persönlichen Erlebnissen und Erfahrungen.

Es ist entscheidend, ob ein Kind darin bestärkt wird, sich geistig zu beschäftigen, ein Musikinstrument zu spielen, zu lesen, eine Sportart zu betreiben, praktische Aufgaben im Haushalt zu übernehmen, sich um Freunde und Verwandte zu kümmern, Motivationstiefs zu überwinden oder ob solche Beschäftigungen und Verhaltensweisen keine besondere Aufmerksamkeit oder Anerkennung finden, weil sie in der Familie selbst nicht praktiziert werden oder einfach keinen besonderen Stellenwert genießen.

Eine wichtige Rolle spielt auch, welche Möglichkeiten es in der unmittelbaren Umgebung gibt, Talente zu fördern. Wie nah ist der nächste Sportverein, wo ist die nächste Musikschule? Wie viele gleich gesinnte Freunde gibt es? Werden in den Ferien interessante Kurse angeboten? All das kann darüber entscheiden, ob ein Talent entdeckt und gefördert wird oder ein Schattendasein führt und verkümmert und irgendwann als diffuser Wunsch auftaucht: „Das wollte ich immer schon einmal machen!"

Sie erweisen Ihrem Kind den größten Dienst, wenn Sie seine echten Talente erkennen und dafür sorgen, dass es durch sein persönliches Umfeld in der Entfaltung dieser Talente unterstützt wird.

Je besser es Ihnen gelingt, auf die individuellen Veranlagungen Ihres Kindes einzugehen, desto besser können Sie seine Stärken fördern und es auch in den Bereichen unterstützen, in denen es sich schwerer tut. Ganz nach dem Grundsatz: Richtig fördern statt über- oder unterfordern! Aber dazu muss man die angeborenen Begabungen erkennen.

Sollten in unserem Test die Leistungen Ihres Kindes in einem Begabungsbereich deutlich im oberen Durchschnitt oder sogar überdurchschnittlich sein, so ist das bereits ein erster Hinweis auf eine besondere Begabung. Es bedeutet, dass Ihr Kind auf diesem Gebiet sowohl leichter und schneller lernt, als auch, dass es hier am meisten erreichen kann. Es ist ein Ansatzpunkt.

Wir möchten sehr deutlich betonen, dass es nicht unser Anliegen ist, nur die Spitzenbegabungen zu entdecken. Entscheidend für den Erfolg im Leben ist es nicht, über eine Hochbegabung zu verfügen. Die wenigsten Menschen sind hochbegabt. Entscheidend sind die persönlichen Begabungsschwerpunkte eines Kindes. Wenn Sie Ihrem Kind helfen, diese zu entfalten, geben Sie ihm ein Stück mehr Freiheit, sich später für seinen Weg zu entscheiden. Und vielleicht wird irgendwann aus einem anfänglichen Hobby ein erfolgreicher Beruf, eine Aufgabe, eine Leidenschaft fürs Leben.

Viel Spaß beim Lesen und viel Erfolg beim Test!

Thomas von Krafft, Dr. Edwin Semke

Übrigens: Fachbegriffe und Fremdwörter werden ab Seite 130 erklärt!

Dr. Edwin Semke, Thomas von Krafft

Sieben Begabungsfelder – der Abschied vom IQ

Sicher kennen Sie Intelligenztests, und wenn Sie nicht bereits selbst einmal an einem teilgenommen haben, so konnten und können Sie in vielen Büchern, Zeitschriften und Fernsehsendungen darüber erfahren. Im weiteren Sinne verfügen wir sogar alle über eine gewisse Erfahrung mit Psychometrie (wörtlich: Messung des Geistes). Denken Sie an Eignungstests und Assessment-Center von Unternehmen, Berufswahltests beim Arbeitsamt, Prüfungen in Schule, Ausbildung und Studium. Mit kleinen Einschränkungen sind auch das Intelligenztests. Niemand würde es sich jedoch gefallen lassen (vor allem bei weniger guten Ergebnissen), von einem Arbeitsamttest, einem Eignungstest der Deutschen Bahn oder gar einem Deutschaufsatz seine Intelligenz bescheinigt zu bekommen. Der Unterschied liegt im Aufbau und in der Zielsetzung der Verfahren. Ein Deutschaufsatz kann zwar geringfügige Hinweise auf eine Sprachbegabung liefern, ist aber in erster Linie dazu da, das im Unterricht Gelernte zu prüfen, er ist also eine Leistungskontrolle. Klassische Intelligenztests sind dagegen so aufgebaut, dass sie möglichst alle kognitiven (verstandesbezogenen) Fähigkeiten des Menschen erfassen. Über die Frage, wie der menschliche Geist funktioniert, genauer: wie Begabungen in uns strukturiert und angelegt sind, gibt es unter maßgeblichen Wissenschaftlern zwei geradezu unvereinbar scheinende Ansätze, und man gehört, überspitzt formuliert, entweder zur einen oder zur anderen Gruppe.

Der erste, traditionelle Ansatz geht davon aus, dass der Mensch eine Gesamtintelligenz besitzt, die sich auf alle Begabungsbereiche auswirkt. Sie werden sich vielleicht schon einmal gewundert haben, dass die Intelligenz eines Menschen mit einer einzigen Zahl, dem berühmten IQ, ausgedrückt werden kann. Wenn Sie überzeugt sind, dass es nur eine einzige Intelligenz gibt, ist das kein Widerspruch. Es bedeutet, wenn jemand in Mathematik schlau ist, schreibt er auch gute Aufsätze und lernt Musikinstrumente und Fremdsprachen leichter.

Der andere Ansatz scheidet seit ca. 20 Jahren die Geister, denn er verwirft den Gedanken an die eine Intelligenz und stellt eine größere Anzahl weitgehend unabhängiger Intelligenzen fest. Vater dieser bei Pädagogen und Eltern gleichermaßen populären Theorie ist Prof. Howard Gardner, Psycho-

loge an der Harvard University. Sein Gedanke der „multiplen Intelligenzen", den er unter anderem durch Untersuchungen an Unfallopfern mit lokalen Hirnverletzungen bestätigen konnte, hat gewaltige Folgen für unseren Intelligenzbegriff, aber auch für schulische Belange. Denken Sie nur an den besonders für Kinder bedeutsamen Umstand, dass sie nun nicht mehr über eine einzige Zahl, den IQ, definiert werden oder als „schlechter Schüler" und „dumm" gelten, nur weil sie in den Hauptfächern nicht glänzen. Nach diesem Ansatz sind wir zu einer differenzierten Sichtweise menschlicher Fähigkeiten angehalten. Dies macht die Erfassung und Beurteilung aufwändiger, birgt aber auch große Chancen für alle, die bisher (oft zu Unrecht) durch das Leistungsraster der Gesellschaft gefallen sind.

In unserem Test versuchen wir, diesem Ansatz der Vielfalt der Begabungen gerecht zu werden, indem wir erstens von einem Gesamtwert absehen zugunsten von aussagekräftigen Einzelergebnissen und zweitens unabhängige Tests für sieben verschiedene Begabungsfelder anbieten:

 Logisches Denken

 Sprachliche Fähigkeiten

 Räumliches Vorstellungsvermögen

 Kreativität

 Praktische Begabung

 Sportlichkeit und Körperkoordination

 Musikalität

Seien Sie nicht enttäuscht, dass wir einen so wichtigen Bereich wie „soziale Kompetenz" nicht unter unsere Tests aufgenommen haben. Soziale Fähigkeiten sind sehr komplex und in weiten Teilen noch unerforscht. Daher wären Test oder Fragebogen unvollständig und unzureichend. Noch immer ist nicht endgültig geklärt, woher zum Beispiel Motivation kommt und wie man sie dauerhaft erhält. Ebenso sind Problemlösungsstrategien sehr individuell, oft bei gleichem Erfolg. Wer sich mit dem Thema soziale Kompetenz befasst, muss auch die Tatsache berücksichtigen, dass hohe kommunikative und soziale Fähigkeiten nicht notwendigerweise an positive Werte gebunden sind. Grausame Diktatoren, skrupellose Verkäufer, Demagogen, Populisten und Heiratsschwindler verfügen nicht selten über ausgezeichnete Fähigkeiten in Sympathieheuchelei, Manipulation und Verführung. Auch sie sind sozial kompetent, nutzen diese Fähigkeiten aber zu unredlichen Zwecken aus. Im Kapitel „Soziale Kompetenz" (Seite 50) können Sie ausführlich nachlesen, was zum gegenwärtigen Zeitpunkt unter sozialer Kompetenz im positiven Sinne verstanden wird und worauf Sie auch in der Erziehung achten können.

In dem Talentprofil, das Sie am Ende des Tests erstellen können, wird es so sein, dass Ihr Kind in einem Begabungsfeld schwächer abschneidet, in einem anderen dafür besser. Das Begabungsprofil ist bei jedem Menschen anders. Wichtig ist, dass Sie Ihre Aufmerksamkeit weniger auf das „besser – schlechter" richten, sondern auf die individuellen Ausprägungen. Sie geben einen Hinweis darauf, in welchen Bereichen Sie Ihr Kind am besten unterstützen und fördern können.

Wie viele Intelligenzen gibt es?

Seit Howard Gardner seine Idee „multipler Intelligenzen" in die Welt gesetzt hat, ist von vielen Arten von Intelligenz die Rede. Hier einige ausgewählte anerkannte:

Howard Gardner[1]

- Sprachliche Intelligenz
- Musikalische Intelligenz
- Logisch-mathematische Intelligenz
- Räumliche Intelligenz
- Körperlich-kinästhetische Intelligenz
- Intrapersonale Intelligenz
- Interpersonale Intelligenz
- Naturalistische Intelligenz
- Existentielle Intelligenz

Daniel Goleman[2]

- Emotionale Intelligenz

Weitere Aspekte von Intelligenz

- Soziale Kompetenz
- Interkulturelle Intelligenz
- Kreativität
- Führungsqualitäten

[1] Gardner, Howard, Intelligenzen, Verlag Klett-Cotta, Stuttgart, 1999
[2] Goleman, Daniel, Emotionale Intelligenz, Carl Hanser Verlag, München, 1996

1. BEGABUNGSFELD
Logisches Denken

Was bedeutet logisches Denken?

Logisches Denken ist die Fähigkeit, folgerichtig zu denken, vom Einzelfall auf das Allgemeine zu schließen und – umgekehrt – bei der Lösung eines Einzelproblems eine allgemeingültige Gesetzmäßigkeit anzuwenden. Außerdem ist es die Fähigkeit, mit abstrakten Symbolen oder Zahlen geschickt umzugehen bzw. sich abstrakte Beweise und Regeln gut zu merken.

Unterschiedliche Aspekte des logischen Denkens

💡	**Abstraktion**	Die Fähigkeit, Gegebenheiten, Objekte und ihre Eigenschaften durch Symbole zu ersetzen
💡	**Induktion**	Herleitung von allgemeinen Prinzipien aus speziellen Gegebenheiten
💡	**Deduktion**	Anwendung allgemeiner Prinzipien auf eine einzelne Gegebenheit
💡	**Syllogismus**	Ableitung einer Schlussfolgerung aus allgemeinen und speziellen Bedingungen

Wer kann gut logisch denken?

Zahlen üben bereits auf nahezu jedes Vorschulkind eine starke Faszination aus. Hat es einmal das Zählsystem erfasst, zählt es alles durch: Bäume, Autos, Pflastersteine, Blätter. Ein kleiner Spaziergang wird so für das Kind zur Entdeckung der Unendlichkeit und für seine Eltern zu einer unendlichen Geduldsprobe – denn alles will gezählt sein. Die wesentlichen Prinzipien des logischen Denkens tauchen jedoch viel früher auf, und zwar bereits im zweiten Lebensjahr, zum Beispiel in Form von einfachen logischen Funktionen, „wenn – dann", „entweder – oder", „sowohl – als auch" usw. Etwas später kommt die für die Logik wichtige Bildung von Überbegriffen dazu (Wawa = Tier, für alles was vier Beine hat; Guli = Vogel, für alles was fliegt).

Bleibt die Begeisterung für Zahlen erhalten, wird aus dem Kind vielleicht ein kleiner Rechenkünstler. Kommen Kombinatorik, gutes Gedächtnis und Ausdauer dazu, könnte ein Kind bereits in den ersten Schulklassen beachtliche Leistungen im Schachspiel entwickeln. Mit Textaufgaben in der Schule hätte es dann garantiert auch keine Probleme.

In unterschiedlichen wissenschaftlichen Untersuchungen wurde nachgewiesen, dass die Beherrschung logischer Regeln und der Grundrechenarten, die ihre Anwendung in der Mathematik, der Physik oder in der Informatik finden, bei Jungen im Durchschnitt stärker ausgeprägt sind als bei Mädchen. Dieser Unterschied wurde mit dem männlichen Hormon Testosteron in Verbindung gebracht. Neuere Untersuchungen zeigen jedoch, dass Jungen und Mädchen unterschiedlich gefördert werden. Jungen bekommen von Lehrern und Eltern mehr Zeit für die Beantwortung von Fragen, mehr Zeit zum Lernen von Regeln und mehr Lob bei Erfolgen. Als Folge davon studieren nur wenige Frauen natur- und wirtschaftswissenschaftliche Disziplinen, Fächer, in denen logisches Denken wichtig und mathematische Grundlagen unentbehrlich sind. Mathematik, Physik und Informatik sind nach wie vor „männliche" Domänen.

Wie entwickelt sich das logische Denken?

Nach Jean Piaget (1896-1980), dem großen Schweizer Entwicklungspsychologen, tauchen bereits in den ersten zwei Jahren die wesentlichen Konzepte der logischen Intelligenz im Ansatz auf: Ich und Außenwelt, Objekt, Zeit, Raum, Kausalität usw. Zwar haben diese Konzepte noch keine für uns gültige, abstrakte Form (zum Beispiel als Formel oder Regel), sie werden jedoch von Kindern fortwährend angewandt.

Im dritten Lebensjahr entwickeln Kinder die Fähigkeit, etwas durch ein Symbol oder Zeichen auszudrücken. Das Kind faltet seine Hände, drückt sie ans Gesicht und schließt die Augen – ein Symbol für den Schlaf.

Im Alter von drei bis sieben Jahren entwickeln Kinder ihr erstes logisches Weltbild. Darin wird allen Gegenständen Leben, Absicht und Bewusstsein zugeschrieben (Animismus). Übrigens sind auch die meisten Erwachsenen nicht frei von dieser Sicht der Dinge, zum Beispiel, wenn sie ihrem Auto gut zureden, damit es anspringt, oder auf ihren Computer schimpfen, wenn er wieder mal abgestürzt ist. Des Weiteren haben alle Dinge aus Sicht der Kinder ihren Zweck (Finalismus). Auf die Frage, warum es bei Genf zwei Berge gibt, könnte ein Fünfjähriger zum Beispiel antworten: „Damit man einen großen und einen kleinen Spaziergang machen kann!"

Auch über andere wichtige Begriffe wird in diesem Alter gründlich nachgedacht. „Wer ist das?", fragt die zweieinhalbjährige Lucienne, die jüngste Tochter von Piaget, als sie das Foto von Jacqueline sieht, der ältesten Tochter, als sie noch klein war. „Das ist Jacqueline, als sie so alt war wie du."

„Nein", weiß das Kind besser „es ist Jacqueline, als sie Lucienne war." Der Name Lucienne ist hier eine Vorstufe für ein wichtiges zeitlich-logisches Konzept: das Alter.

Ab dem achten Lebensjahr zeigt sich der Fortschritt im logischen Denken durch die Zunahme der Komplexität und der Systematisierung. Weitere Eigenschaften der Objekte werden entdeckt und untersucht. Manche Eigenschaften werden als veränderbar erkannt, zum Beispiel die Form: Fast alles lässt sich verformen, umgießen oder anders gruppieren. Andere Eigenschaften wiederum bleiben konstant: zum Beispiel das Gewicht der Knetmasse oder das Volumen des Wassers – gleichgültig, welche Form sie annehmen.

Ab dem zwölften Lebensjahr ist das abstrakt-logische Denken möglich. Konkrete Zahlen können zum Beispiel durch Variablen ersetzt werden, aus dem Allgemeinen wird das Besondere hergeleitet, Kombinatorik und wissenschaftliche Hypothesenbildung sind nun möglich. Zu Gunsten des bloß Möglichen wird die anschauliche Welt verlassen: Man kann sich beispielsweise ein symmetrisches, flaches Tausendeck kaum vorstellen, jedoch seine Winkel einfach berechnen. Komplexe Begriffe tauchen hier auf, so kann die Geschwindigkeit aus der Strecke und der Zeit hergeleitet werden. Und wenn man so hochbegabt ist wie Einstein, dann auch die Energie aus der Masse und dem Quadrat der Lichtgeschwindigkeit. Ab dieser Stufe ist die Logik das, was sie ist – eine unendliche Denkaufgabe.

Wie entdeckt man die Begabung zum logischen Denken?

Logisch begabte Kinder fallen durch ihr hartnäckiges Fragen auf. Sie möchten vieles wissen und geben sich mit Erklärungen nicht ab, die ihrer Meinung nach unvollständig sind. Sie spielen gerne mit Zahlen, sei es nur in der Absicht, die größte Zahl der Welt zu ermitteln, indem man auf ein Blatt Papier so viele Nullen nach einer Eins malt wie nur möglich. Begabte Kinder begreifen recht schnell die Regeln der logischen Spiele Mühle, Dame oder Schach. Ein Erwachsener, der in einem der genannten Spiele schon mal gegen einen Achtjährigen verloren hat, weiß, zu welcher Meisterschaft es hier begabte Kinder bringen können.

In der Schule ist für sie Mathematik oft das Lieblingsfach.

Begabte Kinder sind von der Technik, ihren Funktionen und Möglichkeiten begeistert. Mit etwas didaktischem Geschick kann man ihnen leicht das Programmieren auch in anspruchsvolleren Computersprachen beibringen.

Eine wirksame Methode, logisch begabte Kinder zu entdecken, bieten klassische Intelligenztests, die in der Regel neben Aufgaben zur sprachlichen und räumlichen Begabung logische Aufgaben enthalten, so zum Beispiel folgende Aufgabe, bei der eine logische Reihe fortgesetzt werden muss: 2, 4, 8, 16, 32, _. Hier gilt es, die nächste Zahl zu ermitteln. War das zu einfach? Dann versuchen Sie es doch mit: 2, 4, 2, 8, 5, 625, _.

Hochbegabte Persönlichkeiten

Srinivasa Ramanujan wurde 1887 in der südindischen Stadt Erode geboren und starb 1920 in Chetput. Seine Eltern gehörten der Brahmanenkaste an und waren arm, sein Vater war Buchhalter und Tuchhändler. Bald jedoch entpuppte sich der kleine Srinivasa als ein mathematisches Wunderkind. Seine mathematische Bildung brachte er sich weitgehend selber bei, indem er im Alter von 12 bis 15 Jahren zwei grundlegende Werke seiner Zeit studierte, die ca. 6.000 Theoreme enthielten. Seine weitere Ausbildung im College und an der Universität scheiterte allerdings an seiner obsessiven Liebe zur Mathematik. Sie nahm ihn so ein, dass er an nichts anderes mehr denken konnte und so die Allgemeinbildung vernachlässigte. Mit 16 Jahren schickte Ramanujan seine Aufzeichnungen Godfrey H. Hardy zu, dem führenden englischen Mathematiker seiner Zeit, der seine Genialität schnell erkannte. Auf seiner persönlichen Genialitätsskala stufte sich Hardy später bescheiden mit 25 Punkten ein, sein Schüler Ramanujan bekam 100 Punke. So kurz sein Leben war – er starb mit 32 Jahren vermutlich an Vitaminmangel – so unermesslich waren seine Erkenntnisse. Seine „Notizbücher" sind erst in jüngster Zeit entschlüsselt worden und lieferten Grundlagen für moderne Theorien der Physik (Superstrings), der Mathematik (Fast Furier Transformation) und der Bildung von Algorithmen für die Berechnung der Zahl Pi, die mit modernen Computern auf einen Wert von mehr als eine Milliarde Stellen nach dem Komma genau berechnet wurde. Diese Präzision ist kaum vorstellbar, denn bereits 39 Stellen von Pi reichen aus, um den Umfang eines Kreises, der das bekannte Universum umspannt, bis auf den Radius eines Wasserstoffatoms genau zu berechnen.

Ludwig Wittgenstein wurde 1889 in Wien geboren und starb 1951 in Cambridge. Seine Eltern waren erfolgreiche Industrielle und konnten ihren Kindern eine umfassende Bildung bieten. Mit 17 schrieb sich Ludwig für ein Ingenieurstudium in Berlin ein, zwei Jahre später ging er als Student nach Manchester, wo er sich mit Aeronautik und der Entwicklung von Düsentriebwerken beschäftigte. Sein vertieftes Studium der Mathematik führte ihn mit Bertrand Russel zusammen, einem großen Logiker und Mathematiker seiner Zeit. Im ersten Weltkrieg geriet Wittgenstein nach einem vierjährigen Kriegsdienst auf der Seite des österreichischen Heeres in italienische Gefangenschaft. In seinem Rucksack befand sich ein Manuskript „Tractatus logico-philosophicus", seine zu seiner Lebenszeit einzige größere Veröffentlichung. Nach der Entlassung aus der Gefangenschaft ließ sich Wittgenstein zum Volksschullehrer ausbilden. Seine Schüler erzog er zu neugierigen und freidenkenden Geistern, er war bei ihnen sehr beliebt, nicht jedoch bei seinen Kollegen. Nach Aufgabe des Lehrerberufs kehrte Wittgenstein nach England zurück. Sein „Tractatus" wurde als Dissertation anerkannt und er bekam eine Professur in Cambridge. Seine Vorlesungen waren einzigartig. Er benutzte kein Manuskript, entwickelte seine logisch-mathematischen Gedanken während des Vortrags weiter, war brillant und bestechend klar. In dieser Zeit forschte er intensiv über Sprache, Logik und Mathematik. Mit der Hinwendung zur Psychologie schuf er für dieses Fach ein logisches Fundament. In seinen philosophischen Untersuchungen zum Thema Gewissheit entwickelte er die moderne Sicht der Erkenntnistheorie. Ludwig Wittgenstein gilt als der größte Logiker des zwanzigsten Jahrhunderts. Seinem Vorsatz, den er bereits im „Tractatus" formuliert hatte, blieb er sein Leben lang treu: „Was sich überhaupt sagen lässt, lässt sich klar sagen; und wovon man nicht sprechen kann, darüber muss man schweigen"[3].

[3] Wittgenstein, Ludwig, Tractatus logico-philosophicus, Suhrkamp Verlag, Frankfurt am Main, 1963, Vorwort

2. BEGABUNGSFELD
Sprachliche Fähigkeiten

Was sind sprachliche Fähigkeiten?

Sprachliche Begabung äußert sich allgemein in einer besonderen Beherrschung der Sprache, der Liebe zu ihr und dem Bestreben, sie zu erforschen.

Unterschiedliche Aspekte sprachlicher Fähigkeiten

- Liebe zur Sprache
- Ausdrucksfähigkeit
- Großer Wortschatz
- Hohe Wortflüssigkeit
- Leichtes Erlernen von Fremdsprachen
- Interesse an der Erforschung von Sprachen

Wer ist sprachlich begabt?

Sprachlich begabt ist jemand, der es versteht, Sprache, sei es die Muttersprache oder eine Fremdsprache, treffsicher einzusetzen, um die eigenen Gedanken auszudrücken und mitzuteilen. Neben diesen „aktiven" Aspekten gehört jedoch auch die eher „passive" Fähigkeit dazu, andere zu verstehen.

Ein großer Wortschatz, die Fähigkeit, die Nuancen eines Wortes zu erfassen und abzuwägen, die gezielte Auswahl von Redemitteln und Stilfiguren sowie ein ausgeprägtes Empfinden für den Klang der Sprache – dies alles sind weitere Aspekte der sprachlichen Intelligenz.

Wo findet man Menschen, die sprachbegabt sind? Eigentlich überall: in der Politik, in den Medien, im Arbeitsleben, im Freundeskreis.

Für manche Berufe ist sprachliche Begabung besonders wichtig:

Da ist zum Beispiel der Romanschriftsteller, der die Fähigkeit besitzt, seine Leser mit Worten zu fesseln, der Journalist, der Informationen für die unterschiedlichsten Medien aufbereitet, der Lehrer, der Lerninhalte und Verhaltensregeln fast ausschließlich über die Sprache vermittelt, der Verkäufer, der über die Fähigkeit zu überzeugen und zu begeistern verfügt, der Jurist, der Gesetze interpretiert und ihre Auslegung stichhaltig und überzeugend formuliert, der Fernsehmoderator, der Gesprächsrunden mit viel Gespür für den richtigen Ton leitet, der Diplomat, der seine sprachlichen Fähigkeiten taktisch einsetzt, um schwierige Verhandlungen zum Erfolg zu führen, der Simultanübersetzer, der in zwei Sprachen gleichzeitig hören und ausformuliert übersetzen muss.

Wie bei anderen Begabungen auch dürfen wir jedoch nicht erwarten, dass sich die Sprachbegabung automatisch zeigt und entwickelt. Hier sind Eltern, Erzieher und Lehrer gefordert, die Kinder genau zu beobachten, zu ermutigen und ihnen Entwicklungsmöglichkeiten anzubieten.

Wie entstehen sprachliche Fähigkeiten?

Obwohl sich unsere Sprache zeitlebens verändert und wir immer wieder neue Vokabeln dazulernen, wie zum Beispiel Internet, Nemax, Neutrinos oder Quarks, findet die wesentliche Sprachentwicklung während der ersten drei Lebensjahre statt.

Die Entwicklung sprachlicher Formen und ihrer Verwendung ist aber auch dann noch nicht abgeschlossen. Obwohl das Kind über einen grundlegenden Bestand seiner Muttersprache verfügt, muss es noch zahlreiche Mittel erwerben, um in verschiedensten Situationen schnell und sicher zu formulieren. Neben der Verwendung der Zeiten gehört dazu auch die Fähigkeit, Ursache und Folge, den Zweck einer Sache sowie Vergleiche durch den Gebrauch von Neben- und Passivsätzen auszudrücken.

Da die Sprache grundlegendes Mittel bei der Gestaltung der sozialen Beziehungen ist, muss das Kind auch weitere Regeln der Sprachanwendung lernen. Dazu gehören u. a. Anredeformen, institutionelle Gebrauchsweisen, Äußerungen, die Höflichkeit ausdrücken und indirekte sprachliche Handlungen.

Der weitere Sprach-Lernprozess erstreckt sich bis weit in das Schulalter hinein.

Wie entdeckt man sprachliche Fähigkeiten?

Fast jeder kennt Beispiele von Sprachbegabung aus dem eigenen Umfeld.

Briefe, Aufsätze, Referate, Reden, Gedichte, Vorträge – es gibt viele Anlässe, bei denen sich sprachliche Begabungen zeigen können.

Manche Kinder können besonders fantasievoll und lebendig erzählen und beschreiben, andere haben große Freude am schriftlichen Formulieren – und nicht immer werden sprachliche Äußerungen mit der entsprechenden Aufmerksamkeit wahrgenommen.

Checklisten, die in Ratgebern angeboten werden, bieten zwar Anhaltspunkte für die Entdeckung von Talenten, sind oft jedoch nur unzulänglich und unvollständig. Sie ersetzen keine standardisierten Diagnoseverfahren.

Sprachliche Fähigkeiten gehören zu den „big three", also den klassischen drei kognitiven Intelligenzen, neben logischem Denken und räumlichem Vorstellungsvermögen. Daher gibt es eine Reihe guter und bewährter Testverfahren für dieses Gebiet.

Ungeachtet dessen sollten Sie als Eltern, Talent oder nicht, bei Ihren Kindern die Begeisterung für das Lesen und für Fremdsprachen wecken. Vermitteln Sie die Faszination, dass man mit Büchern die interessantesten Persönlichkeiten kennen lernen, die Welt bereisen, sich in einer Zeitmaschine durch die Jahrhunderte bewegen und unglaubliche Abenteuer erleben kann.

Hochbegabte Persönlichkeiten

Christian Heinrich Heineken (1721-1725) antwortete auf eine Einladung des auf ihn aufmerksam gewordenen Königs von Dänemark mit: „Ich bedanke mich untertänigst, Majestät, aber ich esse noch ausschließlich Brei." Nachdem er eine Geschichte Dänemarks geschrieben hatte, starb er mit viereinhalb Jahren „alt und weise wie ein Greis" – wie Zeitgenossen schrieben.

Jean-Francois Champollion (1790-1832) brachte sich mit fünf Jahren selbst Lesen und Schreiben bei, indem er Texte aus einem Messbuch auswendig lernte, abschrieb und systematisch die Worte mit ihrem Schriftbild verglich. Er war gleich zu Anfang wider Erwarten so schlecht in der Schule, dass ihn die Eltern in die Obhut eines Privatlehrers gaben. Dort ging es ihm besser und nach einem Jahr verließ ihn der Lehrer mit der Begründung, er könne ihm nichts mehr beibringen. Mit elf Jahren konnte Jean Francois neben Französisch auch Griechisch, Latein und Hebräisch. Seit er von Napoleons Feldzug nach Ägypten gehört hatte, ließ ihn die Faszination für dieses ferne Land nicht mehr los. Ebenfalls als Elfjähriger las er das Alte Testament im Urtext und bemerkte sofort Abweichungen und Widersprüche in der biblischen Zeitrechnung. Im selben Jahr sah er auch zum ersten Mal Hieroglyphen. Sie waren zu dieser Zeit noch nicht entschlüsselt und er fasste den Entschluss, dieses Rätsel zu lösen. Zunächst vertiefte er sich in andere Sprachen und deren Geschichte, um Rückschlüsse auf die Hieroglyphen ziehen zu können. Es brachte ihn zwar dieser Lösung noch nicht näher, doch lernte er nebenbei noch Englisch, Deutsch, Italienisch, Arabisch, Syrisch, Chaldäisch und Chinesisch. Damals war er 13. In mühsamer Kleinstarbeit entschlüsselte er drei verschiedene Sprachen des alten Ägypten und ihr Zahlensystem. 1820 hatte er es geschafft. Erst durch seine Entdeckungen ist es Ägyptologen seit 1822 möglich, die Chronologie der alten Hochkultur festzulegen, die Baudenkmäler zu datieren und die Zeitangaben der Bibel zu überprüfen. Die gesamte Fachwelt erkennt den begnadeten Sprachforscher Jean Francois Champollion als den alleinigen Entschlüsseler der altägyptischen Hieroglyphen an.

3. BEGABUNGSFELD
Räumliches Vorstellungsvermögen

Was ist räumliches Vorstellungsvermögen?

Räumliches Vorstellungsvermögen ist die Fähigkeit, sich Formen und Gegenstände perspektivisch richtig vorstellen bzw. nicht sichtbare Teile ergänzen zu können. Es ist auch die Fähigkeit, komplexe Muster im Gedächtnis behalten, wiedererkennen, zuordnen und zeichnen zu können.

Unterschiedliche Aspekte des räumlichen Vorstellungsvermögens

Orientierung	Die Fähigkeit, die eigene Position im Raum und die Lage der Objekte richtig einzuschätzen
Perspektivität	Das räumliche Sehen und die Fähigkeit, das Verdeckte zu ergänzen
Detailwahrnehmung	Der Blick für das „Unwesentliche", die Entdeckung der Form, Lage und Anordnung der Details
Form- und Mustererkennung	
Form- und Musterwiedergabe	

Wer hat ein gutes räumliches Vorstellungsvermögen?

Ein Kind lernt im zweiten Lebensjahr laufen, die ersten Schritte sind unsicher, das erste Treppensteigen auch. Das, was es bis jetzt nur „aus der Ferne" beobachten konnte, kann es nun näher betrachten, anfassen, mit allen Sinnen wahrnehmen. Eine aufregende Raumreise beginnt. Eine Wohnung ist eine Folge von Gängen, Türen, Treppen, Räumen – ein Rundgang ist eine Tagestour. Für die Entwicklung des räumlichen Vorstellungsvermögens braucht das Kind viele solcher Touren. Dabei fällt auf, dass manche Kinder sich schneller im Raum orientieren und wichtige Raummerkmale, wie beispielsweise seine Größe, Lage und die Ausrichtung der Gegenstände, besser behalten können.

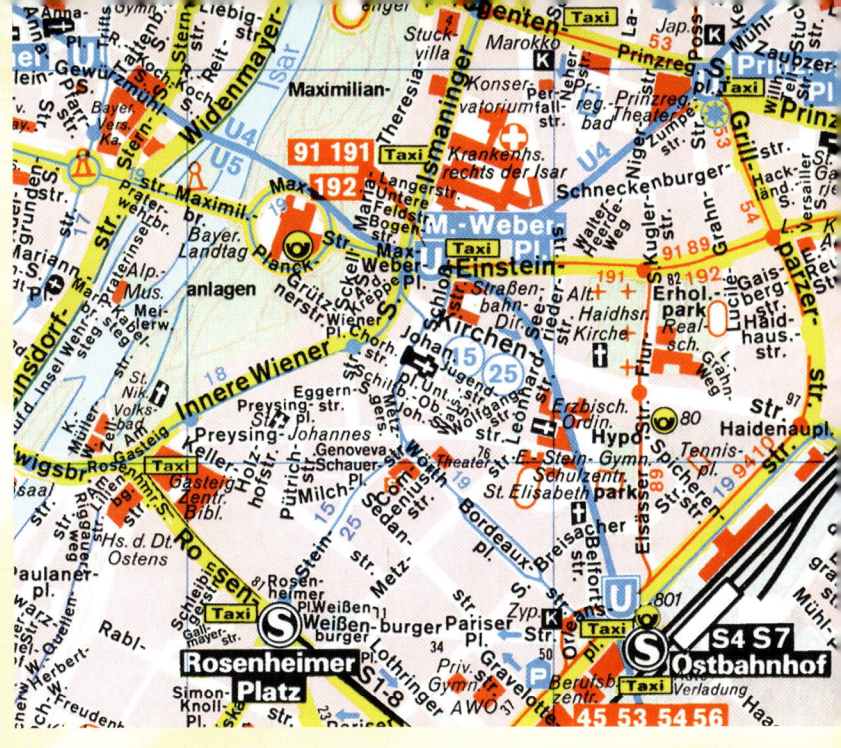

Ein sechsjähriges Kind läuft einem fliegenden Ball entgegen und fängt ihn sicher. Neurophysiologisch gesehen ist dies ein äußerst komplexer Vorgang. Neben motorischen Fähigkeiten spielt die Wahrnehmung des Objekts, seine Lage, Größe und Geschwindigkeit eine große Rolle. Gesteuert durch visuelle Informationen gelingt diesem Kind ein Kunststück, das kaum ein Roboter aus den Labors für künstliche Intelligenz beherrscht.

Gute Raumeinteilung ist in vielen Sportarten wichtig. In allen Ballspielarten trainiert man von Anfang an Raumabdeckung, Einschätzung der Ballflugbahn und des Laufwegs. Begabte Kinder lernen diese Fertigkeiten sehr schnell. Auch der Erfahrungstransfer, so zum Beispiel von Tennis auf Tischtennis, Federball oder Golf gelingt ihnen schnell.

Die Unterschiede im räumlichen Vorstellungsvermögen zwischen Kindern lassen sich in jeder Entwicklungsphase beobachten. Begabte Kinder können ab dem sechsten Lebensjahr (manchmal auch früher) gut räumlich zeichnen, sie verbessern sich von Zeichnung zu Zeichnung. Wenn sie dabei bleiben und vom Zeichnen fasziniert sind, können sie bald nicht nur komplexe geometrische Figuren zeichnen, sondern auch Pflanzen, Tiere, Gesichter und Statuen. Im selben Alter fangen sie an, sich für gezeichnete Pläne, zum Beispiel Stadtpläne, zu interessieren, sie zu lesen und zu verstehen. Bei unbekannten Stationen finden sie schnell den richtigen U-Bahn-Ausgang. Ein kurzer Blick auf den Plan genügt, um den kompletten Weg schnell zu erkennen. Vielleicht wird aus ihnen eines Tages ein Städteplaner, ein Architekt, ein Raumausstatter oder ein technischer Zeichner. Alle Berufe, die mit Entwurf, Zeichnung oder Schema arbeiten, zum Beispiel der technische Zeichner, Bauingenieur oder Elektriker, brauchen ein gutes räumliches Vorstellungsvermögen.

Wie entwickelt sich das räumliche Vorstellungsvermögen?

Wenige Monate nach der Geburt besitzen Säuglinge offenbar eine Vorstellung von Räumlichkeit. Die zunächst unsicheren Greifbewegungen werden präziser und schneller. Die meisten Kinder können gut abschätzen, ob sich eine Person entfernt oder annähert, bzw. welcher Gegenstand näher und welcher weiter entfernt steht. Mit Kindern im Krabbelalter durchgeführte Versuche, bei denen die kleinen Versuchspersonen auf einem Glasboden zu ihrer Mama krabbelten, belegten, dass sie sich nicht trauten, einen visuellen Spalt zu überqueren, der unter der Glasplatte eingebaut war. Krabbelkinder konnten anscheinend recht gut Tiefe wahrnehmen. Mehr noch, sie verließen sich eher auf ihren visuellen Eindruck als auf ihre Tastempfindung, denn die Platte war nicht unterbrochen, nur der Boden unterhalb der Platte.

Im Alter von ca. sechs Jahren gibt es einen qualitativen Entwicklungssprung: Die meisten Kinder fangen in diesem Alter an, die Perspektivität der Gegenstände, ihre räumliche Lage und ihre räumliche Ausdehnung nicht nur zu sehen, sondern auch zu zeichnen. In der Regel kann man nur mit Mühe einem Fünfjährigen das Zeichnen eines Würfels beibringen. Der Transfer dieser zeichnerischen Erfahrung auf weitere einfache Objekte, so zum Beispiel auf Pyramiden oder Trapezkörper, scheitert dann meist. Wie von Zauberhand vermittelt, können es die meisten Siebenjährigen jedoch von selbst.

Die Entwicklung der räumlichen Wahrnehmung geht dann stetig weiter und Kinder können immer besser Entfernungen und Größen von Gegenständen einschätzen. Aber richtig anspruchsvolle Aufgaben, wie zum Beispiel die Geschwindigkeit eines sich nähernden Autos abzuschätzen, um bei einer Straßenüberquerung die Zeit richtig planen zu können, können sie erst zu Beginn der Pubertät mit ca. zwölf Jahren zuverlässig lösen.

Gemäß der Vorstellung von Psychologen entwickelt sich das räumliche Vorstellungsvermögen weiter, bevor es zwischen dem 12. und dem 18. Lebensjahr seinen Höhepunkt erreicht. Bei wenig begabten Kindern bzw. bei ungenügender Förderung kommt die Entwicklung schneller zum Stillstand, bei begabten/geförderten Kindern dagegen später. Das erreichte Niveau ist dann auch deutlich unterschiedlich: Die einen können einfache geometrische Figuren perspektivisch zeichnen, die anderen aus dem Gedächtnis einen genauen Plan ihrer Wohnung, ihres Schulwegs oder die Anordnung der Gegenstände auf ihrem Schreibtisch skizzieren.

Bereits vor Jahrzehnten wurden bei Untersuchungen bedeutsame Unterschiede im räumlichen Vorstellungsvermögen bei Jungen und Mädchen entdeckt. Diese Unterschiede sind heute weniger gravierend. Die Mädchen holen auf, was dafür spricht, dass die Unterschiede nicht ausschließlich genetisch bedingt sind.

Wie entdeckt man gutes räumliches Vorstellungsvermögen?

Das auffälligste Merkmal der begabten Kinder ist ihre Fähigkeit, gut zu zeichnen. Neben der genauen Größen- und Detailwiedergabe kommt dem räumlichen Zeichnen eine wichtige Bedeutung zu. Diese erst durch die Maler der Renaissance eingeführte Technik wird nur selten von Kindern selbst entdeckt. Jedoch kann jedes Kind im Schulalter diese Technik unter Anleitung lernen, das eine schneller, das andere langsamer.

Ein weiteres Merkmal räumlicher Begabung ist eine gute Orientierung in einem bestimmten Raum, ganz gleich, ob in einem Zimmer, in einer Stadt oder bei einer Bergwanderung. Begabte Kinder können mit geschlossenen Augen den Raum durchqueren, ohne anzustoßen, können gut Stadtpläne lesen oder den Wanderweg genau nachzeichnen.

Hilfreich bei der Messung des räumlichen Vorstellungsvermögens sind die so genannten klassischen Intelligenztests. Die Tests sind so konstruiert, dass sich mithilfe des Testmaterials, der einfachen und komplexen geometrischen Figuren und Muster, die wesentlichen Aspekte dieser Eigenschaft erfassen lassen. Die individuelle Leistung wird dann mit einer großen Stichprobe von Kindern oder Erwachsenen im entsprechenden Alter verglichen.

Hochbegabte Persönlichkeiten

Ernst Haeckel, 1834 in Potsdam geboren und 1919 in Jena gestorben, war ein angesehener Naturforscher seiner Zeit. Als ein entschiedener Verfechter der Darwinschen Evolutionstheorie, Begründer des Zoologischen Instituts in Jena und bekannter Philosoph lieferte er wichtige Impulse zur Naturerforschung, so zum Beispiel mit seinem „Biogenetischen Grundgesetz" oder seiner Symmetrielehre. Seine wohl wichtigsten Arbeiten jedoch waren morphologische Zeichnungen. Als Zoologe unternahm er mehrere Studienreisen nach Italien, Ceylon, Java, Sumatra usw., deren Eindrücke und Befunde er zeichnerisch festhielt. Dabei beschrieb er mehr als 4.000 neue Arten, meist mikroskopisch kleine, einzellige Radiolarien. Seine Bilder waren bestechend klar, ästhetisch schön und durch das Weglassen oder Ergänzen von Details visionär. Sie prägten die Sehgewohnheiten vieler Generationen. Seitdem finden sich seine Darstellungen in jedem biologischen Lehrbuch, in jedem Lexikon, aber nicht nur dort. Viele Künstler der Jugendstil-Epoche nahmen seine Zeichnungen als Vorlagen für Bilder, Möbel und Architektur.

Der in Leeuwarden (Niederlande) 1898 geborene und 1972 in Hilversun gestorbene **Maurits Cornelis Escher** war in Mathematik eher ein schlechter Schüler. Auch das Bauen von Häusern – in der Tradition seiner Familie – sagte ihm nicht zu. Er wurde Grafiker. Bereits als Kind von Ordnung und Symmetrie fasziniert, untersuchte er Mosaike und Ornamente, zeichnete sie ab und erkannte darin sehr früh das so genannte Prinzip der Selbstähnlichkeit. Als Erwachsener schuf er auf dieser Grundlage mehr als hundert Grafiken. Dabei gelang ihm das bis dahin Unvorstellbare: Er machte aus mathematischen Prinzipien Bilder. Für jede Aussage in der Mathematik gibt es eine Negation, für jede Menge ein Pendant. So folgen aus der Annahme der positiven Zahlen negative Zahlen, aus „oben" folgt „unten", aus Endlichkeit folgt Unendlichkeit usw. In seinen Bildern finden wir Figuren, die zugleich auch Hintergrund sind, unendlich viele Figuren, die in einem Kreis eingeschlossen sind, perspektivische Darstellungen, die zugleich den Blick von oben und von unten auf das Objekt richten. „Ich kann nicht umhin, über all unsere eingefahrenen Sichtweisen zu spötteln. Es macht zum Beispiel großen Spaß, absichtlich zwei und drei Dimensionen, die Fläche und den Raum, zu vermischen und sich über Schwerkraft lustig zu machen"[4]. Escher erinnert uns mit seinen Bildern an verborgene Welten hinter unserem begrenzten Beobachtungshorizont. Übrigens gehörten zu seinen besten Freunden und Bewunderern auch viele Mathematiker.

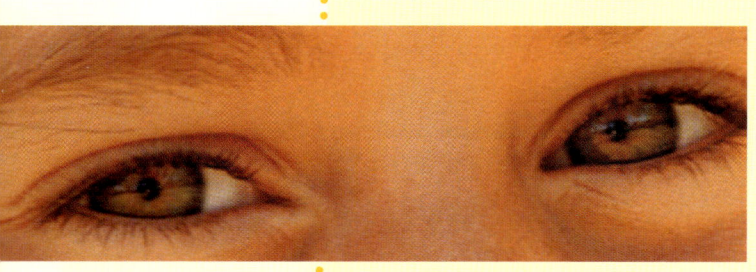

[4] Schattenschneider, Doris, Eschers Metaphern, Spektrum der Wirtschaft, Heidelberg, 1/1995, S. 84

Wie unser Gehirn den Raum „konstruiert"

Physiologisch betrachtet entsteht eine räumliche Vorstellung dadurch, dass unsere Augen ein Objekt unterschiedlich abbilden. Das eine Auge sieht mehr von rechts, das andere mehr von links. Aus der Differenz der Bilder wird die Räumlichkeit neuronal „errechnet". Wenn wir jedoch ein Auge schließen, verwandelt sich die Welt keineswegs in ein zweidimensionales Bild. Wir sehen weiterhin räumlich – die Räumlichkeit haben wir uns genau eingeprägt. Unterstützt wird der räumliche Eindruck durch weitere Merkmale des Raumes und der Gegenstände, so zum Beispiel ihre Größenveränderung, wenn sie sich bewegen, ihre Verdeckung, wenn sie hintereinander stehen, ihre Farblichkeit usw. Das, was sich kleiner, verdeckter und mit mehr Blauanteilen des Lichts in unserer Wahrnehmung abbildet, ist weiter weg, das, was von uns größer, vollständiger und mit mehr Braunanteilen wahrgenommen wird, ist näher dran. Übrigens hat diese „Farbverschiebung" eine physikalische Ursache. Das Sonnenlicht besitzt ein Lichtspektrum von Blau bis Rot. Das hochfrequente Blaulicht wird durch die Luft weniger gestreut. Deswegen erscheint uns der Himmel blau und weiter entfernte Gegenstände bläulicher, weil sie ihre roten Lichtanteile „verloren" haben. Die nahe gelegenen Gegenstände haben dagegen ihr Rot noch in sich.

Räumliche Wahrnehmung wird im hohen Maße durch unser Gehirn gestaltet. Dabei ist sie, streng physikalisch betrachtet, erstaunlich ungenau. Entfernte Objekte holen wir uns visuell stärker heran, sie erscheinen uns größer, als sie in Wirklichkeit sind. Die Sonne im Zenith ist nicht größer als ein Ei, eine Abendsonne am Horizont ist so groß wie ein Handball. Bei einem Wolken verhangenen Nachthimmel segelt der Mond durch die Wolken, obwohl wir genau wissen, dass es umgekehrt ist. Unsere räumliche Wahrnehmung lässt sich leicht in die Irre führen. Die Annahme jedoch, dass unsere Wahrnehmung vollständig konstruiert ist, ist genauso falsch. Sie ist in dem Maße physikalisch getreu, in dem wir es für unser Überleben brauchen. Sie wird da ergänzt und konstruiert, wo es uns am ehesten nutzt. Nicht die Entfernung der Gegenstände ist für uns von Bedeutung, sondern ihre Beschaffenheit, nicht die Objekte hoch im Himmel, sondern die, die wir am Horizont sehen. Bei der Wahrnehmung einer Bewegung müssen wir entscheiden, was sich bewegt, wir selbst, der Hintergrund oder das Objekt. Für die Eigenbewegung haben wir ein sensorisches Organ – das Vestibulum. Der Hintergrund (Wolken) ist immer größer als ein Objekt (Mond) und bewegt sich seltener. Also wird dann der Mond durch die Wolken auf die Reise geschickt. Tagsüber „denken" wir dann schnell um. Der blaue Himmel wird zum Hintergrund und die Wolken zum Objekt – also sehen wir sie wandern.

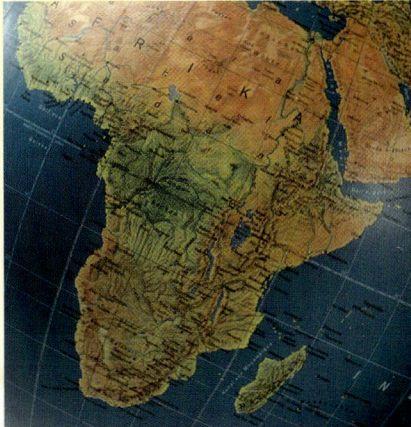

4. BEGABUNGSFELD
Kreativität

Was ist Kreativität?

Kreativität wird allgemein definiert als die Fähigkeit, bei Aufgaben und Problemen unterschiedlicher Art angemessene und passende Einfälle zu produzieren. Die Einfälle lassen sich dann danach bestimmen, wie zahlreich, originell, sinnvoll und durchdacht sie sind.

Unterschiedliche Aspekte der Kreativität

	Flüssigkeit	Ideenreichtum
	Flexibilität	Verschiedenheit der geäußerten Ideen
	Originalität	Außergewöhnlichkeit der Ideen im sozialen Vergleich
	Elaboration	Grad der Ausarbeitung der Ideen
	Imagination	Vorstellungskraft bzw. die Fähigkeit zum Einfühlen und Fantasieren

Wer ist kreativ?

Ein spielendes Kind ist kreativ in seinem Bemühen, Klänge aus unterschiedlichen Gegenständen zu erzeugen, aus Bauklötzen, aus einem Spielzeugauto, aus Tellern, Besteck und Kochtöpfen. Die Gegenstände werden auf ihre Brauchbarkeit hin geprüft und die richtige Entscheidung wird getroffen zugunsten des schönsten und lautesten Geräuschs – erzeugt mit einem Topf.

Kinder malen gerne, man muss sie in der Regel nicht lange dazu auffordern oder ermutigen. Ein Blatt Papier ist schnell gefüllt mit Kreisen, Spiralen und Kreuzen, wenn das Kind etwa zwei bis drei Jahre alt ist. Später kommen Strichmännchen, Häuser, Blumen und Bäume dazu. Kinder bevorzugen bunte Bilder, gemalt mit Stiften, Wachskreiden und Fingerfarben. Aber auch ein zerriebenes grünes Blatt, eine zerdrückte Beere oder ein Klecks von der Tomatensuppe ist in ihren Augen eine Zeichnung. Und es lässt sich nicht nur auf dem Papier malen, sondern auch auf den eigenen Händen, auf dem nassen Sand, mit dem Löffel auf dem Pudding, auf einem Stück Holz oder auf einer Wand. Spätestens hier hört für manche Eltern der Spaß auf. Dabei steht das Kind mit der Ent-

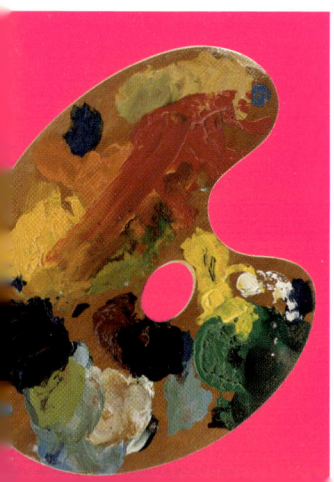

deckung der Wandmalerei in der schönsten Tradition von prähistorischen Felsenfresken des Steinzeitmenschen, über Michelangelo bis Picasso und Chagall.

„Nennen Sie uns ihr technisches Problem, wir finden für Sie eine einfache und Kosten sparende Lösung"[5], heißt es auf der Internet-Seite einer niederbayerischen Schule mit dem ungewöhnlichen Wahlfach „Erfinden". Und tatsächlich melden sich gelegentlich Hilfesuchende mit kniffligen Alltagsproblemen: Eine Dame möchte ihre Katze mit Flohpulver einpudern, was Katzen in der Regel hassen. Kein Problem für junge Erfinder – eine Bürste mit eingesetztem Puderstreuer zeigte im Praxistest sehr zufriedenstellende Ergebnisse. Auch eine Meldeautomatik für vergessene Herdplatten und Bügeleisen oder nicht richtig aufgelegte Telefonhörer, eine Handtasche mit Innenbeleuchtung oder kleine elektrische Heizkörper in einem Holzspanner als eine elegante Methode, Schuhe zu trocknen, zählen zu den kreativen Ideen dieser Kinder.

[5] Arnu, Titus, Heizung im Schuhspanner, Der Spiegel, Hamburg, 14/2000

Wie entsteht Kreativität?

Was sind nun die Bedingungen kreativen Handelns und wie entsteht Kreativität? Mit diesen Fragen beschäftigen sich Pädagogen und Psychologen seit ca. 50 Jahren intensiv. Wichtige Befunde weisen darauf hin, dass die Kreativität zum Teil angeboren ist und sich im Vorschulalter stetig weiterentwickelt. Ab dem sechsten Lebensjahr etwa ist die Zunahme verlangsamt, um schließlich ab dem Alter von ca. neun Jahren zu stagnieren. Dieser Abfall der Kreativitätsentwicklung wird ursächlich auf schulische Anpassungsprozesse zurückgeführt. In der Schule werden eher die so genannten konvergenten Fähigkeiten (Logik, Rechenfertigkeit, Rechtschreibung) gefördert und die kreativen (divergenten) Fähigkeiten vernachlässigt. Konvergentes Denken und Handeln setzt voraus, dass es für ein bestimmtes Problem immer nur eine oder unter vielen möglichen immer die beste Lösung gibt. Darauf geschulte Kinder stoßen schnell an ihre Grenzen. So bereitete die in der Pisa-Studie formulierte Aufgabe, in der der Weg zweier Schüler zu berechnen war, den meisten Beteiligten Kopfzerbrechen: Der erste Schüler wohnt vier Minuten von der Schule und der zweite drei Minuten vom ersten Schüler entfernt. Wie lange braucht nun der zweite Schüler in die Schule? Nach Meinung einiger Mathematiklehrer ist die Aufgabe unlösbar – wirklich? Die Lösung liegt im Bereich von einer bis sieben Minuten, eine divergente Lösungsmenge.

Kreativität wird oft schon in der Grundschule in das Reservat der Handarbeit und des Werkens verbannt. Und dort wird sie häufig reduziert auf dreißig ähnliche Fensterbilder am Ende der Stunde, die mit einer Schablone ausgeschnitten wurden, mehr oder weniger gerade, dreißig gleich geformte Duftlampen oder Kerzenständer, die sich lediglich farblich unterscheiden.

Wie entdeckt man Kreativität?

Kreativität lässt sich durch Beobachtung entdecken. Neben Wahrnehmungsgenauigkeit und Sensibilität des Beobachters – Eltern, Pädagogen oder Psychologen – ist Expertenwissen sowie genügend Zeit wichtig. Durch folgende hervorstehenden Merkmale lassen sich „Kreative" erkennen:

Sie zeigen ein großes Interesse für ein bestimmtes Gebiet und haben einen starken inneren Antrieb, sich ausdauernd damit zu beschäftigen. Kreative Persönlichkeiten ziehen das Komplexe dem Einfachen vor. Sie improvisieren gerne. Beim Spiel denken sie sich immer wieder neue Regeln aus, bei der Hausarbeit ändern sie häufig die Reihenfolge und Ausführung der Aufgaben, beim Kochen probieren sie neue Rezepte, Zutaten und Gewürze aus. Kreative Persönlichkeiten sind impulsiv, können sich schnell auf neue Situationen einstellen, Pläne ändern, schnell und spontan entscheiden. Ihre Ideen sind eher intuitiv und selten rational begründet, was nicht bedeutet, dass sie nicht rational erklärbar sind. Die wohl bemerkenswerteste Eigenschaft der kreativen Persönlichkeit ist ihre Unabhängigkeit im Denken und Handeln. Denn Kreativen ist es meist gleichgültig, was andere über sie und ihre Ideen denken.

Hilfreich bei der Entdeckung der Kreativität sind auch die so genannten Kreativitätstests. Sie sind so konstruiert, dass sie mit Hilfe des Testmaterials, oft nur Papier, Bleistift, einfache Gegenstände wie Pappkärtchen und -becher, die wesentlichen Merkmale dieser Eigenschaft erfassen. Die individuelle Leistung wird dann mit einer großen Stichprobe von Kindern oder Erwachsenen im entsprechenden Alter verglichen. Wenn man nicht genügend Zeit oder Erfahrung hat oder einem das Expertenwissen fehlt, können solche Tests unschätzbare Dienste leisten.

Hochbegabte Persönlichkeiten

Die wichtigste Voraussetzung der kreativen Höchstleistung ist das angeborene Talent. Von vielen schöpferischen Menschen ist überliefert, dass sie schon als Kind beachtliche Leistungen auf ihrem Gebiet zeigten. Picasso malte bereits in der Pubertät besser als sein Vater, Maler von Beruf, Mozart spielte als Kind Konzerte, Freud war immerhin der Klassenprimus.

Die weitere unabdingbare Voraussetzung für eine spätere Hochleistung ist die Hartnäckigkeit, Hingabe bzw. der innere Antrieb, sich mit Sachen konsequent und ausdauernd zu beschäftigen. Man geht heute davon aus, dass eine durchschnittlich begabte Persönlichkeit zur Erlangung einer Meisterschaft in einem Fachgebiet ca. 10 Jahre intensiven Studiums bedarf. Eine außerordentliche Begabung kann diesen Zeitraum deutlich verkürzen, jedoch keineswegs allein durch Talent ersetzen. Bei **Sigmund Freud** (1856-1939) führte erst die jahrzehntelange Suche auf den Gebieten der Physiologie, Philosophie und Psychologie zu seinen bahnbrechenden Entdeckungen und zu der Begründung der Psychoanalyse.

Viele Berühmtheiten besaßen eine unermüdliche Reflexionsfähigkeit, die sie dabei unterstützte, die Alltagserfahrungen in sinnvoller Weise zu verarbeiten. Von **Wolfgang Amadeus Mozart** (1756-1791) ist zum Beispiel überliefert, dass er als Kind in Briefen an seine Eltern sehr viel über Musik reflektierte. Picasso führte im Laufe seines Lebens insgesamt beinahe zweihundert Skizzenbücher, in denen er flüchtige Eindrücke und Themen zeichnerisch festhielt. Sehr viele Schriftsteller führen Tagebücher. Nur selten erreichen diese Notizen die Qualität eines Romans, ihre eigentliche Bestimmung ist das Sammeln, das Vergleichen und das Verarbeiten von Eindrücken.

Außerdem konzentrieren sich schöpferische Persönlichkeiten intuitiv auf ihre Stärken. So war Sigmund Freud nur ein mittelmäßiger und glückloser Naturwissenschaftler. Er hatte Schwierigkeiten mit dem räumlichen und logischen Denken und zeigte kein Verständnis für Musik. Seine wahre Stärke war jedoch die Introspektion – die Fähigkeit, innere Stimmungen, Gefühle, Zustände wahrzunehmen und zu beschreiben. Hinzu kam eine beachtliche sprachliche Ausdrucksfähigkeit, die selbst von seinen erbittertsten Gegnern anerkannt wurde.

Diese beiden Fähigkeiten fehlten Mozart zeitlebens. Nur seine Musik ermöglicht uns Einblicke in seine Psyche. Man mag in seinen Opern einen schmerzlichen Loslösungsprozess von seinem Vater, Leopold Mozart, entdecken: Im „Don Giovanni" in Form der Auseinandersetzung zwischen dem lebenslustigen aber verantwortungslosen Helden mit der bedrohlichen und strafenden Figur des Komturs, in der „Zauberflöte", seiner letzten Oper, zwischen Tamino und dem mächtigen Gegenspieler Sarastro. Über seine sprachliche Ausdrucksfähigkeit äußerte er sich selbstkritisch: „Ich kann nicht Poetisch schreiben; ich bin kein dichter. Ich kann die redensarten nicht so künstlich eintheilen, dass sie schatten und licht geben; ich bin kein mahler, ... ich bin ein Musikus."[6]

[6] Gardner, Howard, Kreative Intelligenz, Piper Verlag, München, 2002, S. 87

Unterschiedliche Sichtweisen der Kreativität

1967 stellte Gilford sein **Hypothetisches Strukturmodell des Intellekts** vor, mit 120 Einzelfaktoren, wobei 24 davon direkt den **divergenten Produktionen** zugeordnet wurden. Allerdings wurde der Begriff der Kreativität von ihm noch etwas weiter gefasst und stellte kein einheitliches, sondern ein kombiniertes und komplexes Phänomen dar.

Im **Berliner Intelligenzstrukturmodell** von Jäger 1984 wurden vier Denkoperationen (Bearbeitungsgeschwindigkeit, Gedächtnisfähigkeit, Einfallsreichtum und Verarbeitungskapazität) und drei Inhaltsklassen (figural-bildhaft, verbal und numerisch) genannt. Kreatives Denken und Handeln findet sich in allen Klassen und überwiegend in der Denkoperation des Einfallsreichtums wieder.

Im **Drei-Facettenmodell der Kreativität** von Sternberg von 1988 werden kognitive Fähigkeiten genannt (einsichtiges und divergentes Denken), dann die Selbstbestimmung kognitiver Operationen und zuletzt die kreativitätsrelevanten Persönlichkeitsmerkmale wie zum Beispiel Sensibilität, Hartnäckigkeit und Toleranz.

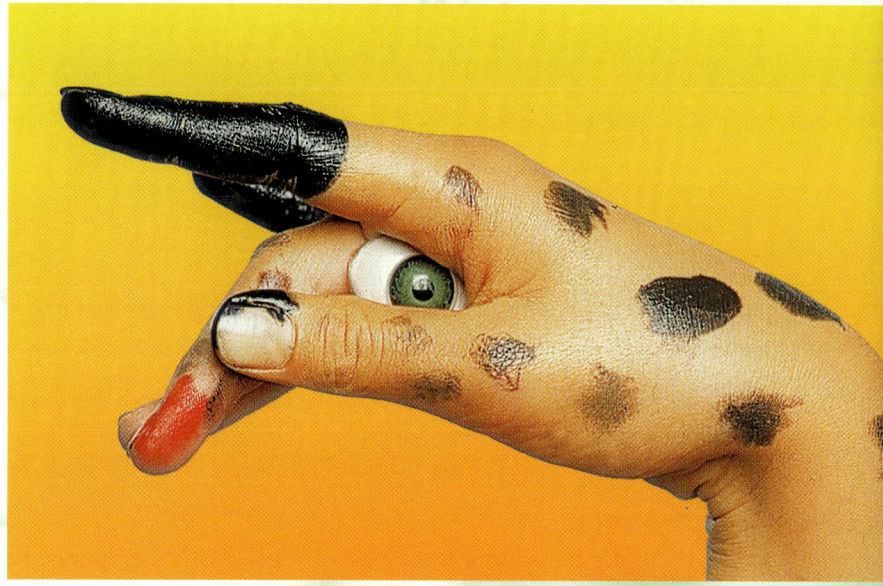

5. BEGABUNGSFELD
Praktische Begabung

Was ist praktische Begabung?

Im engeren Sinne ist die praktische Begabung die Fähigkeit, mit Instrumenten und Materialien umzugehen und zweckmäßig und geschickt technische Probleme zu lösen.

Eine etwas weiter gefasste Erklärung bezieht das körperliche Geschick (siehe „Sportlichkeit und Körperkoordination", Seite 38) mit ein, außerdem die Fähigkeit, Dinge und Gegebenheiten hinsichtlich ihrer Machbarkeit richtig einzuschätzen, zu planen und zu organisieren (siehe „Soziale Kompetenz", Seite 50).

Unterschiedliche Aspekte der praktischen Begabung

◉	**Instrumentbeherrschung**	Kenntnis der Funktionsweise und Anwendungserfahrung
◉	**Materialbeherrschung**	Kenntnis der Eigenschaften und Verarbeitungsmöglichkeiten, Verarbeitungserfahrung
◉	**Fein- und Grobmotorik**	Fähigkeit, Finger und Arme zweckmäßig und geschickt einzusetzen, bzw. den Einsatz schnell zu erlernen
◉	**Technisches Verständnis**	Kenntnis der Funktionsweise und Beschaffenheit bzw. die Fähigkeit, dies schnell zu erschließen

Wer ist praktisch begabt?

Ein fünfjähriges Kind hat keinen Kindergartenplatz und verbringt seine Zeit in der Werkstatt seines Vaters. Dort riecht es nach Holz und Holzleim, Werkzeuge liegen herum und eine Menge Holzreste. Wenn man das Holz anfasst, ist es warm, man kann es nur in eine bestimmte Richtung längs der Maserung hobeln oder mit dem Messer schnitzen. Dagegen fällt das Sägen viel leichter, wenn man es quer zur Maserung ansetzt. Der Hammerschlag hat eine viel größere Wucht, wenn man den Hammer am Ende des Hammerstiels fasst. Beim Hämmern sollte man nicht den Hammer anschauen, sondern die Stelle, wo der Schlag landen soll. Jedes Material hat seinen unverwechselbaren

Charakter, jedes Instrument auch. Am schwersten zu bezwingen sind Metall und Stein, am schwersten zu „verstehen" sind Kunststoffe.

Als das Kind ein halbes Jahr später doch noch in den Kindergarten kommt, kann es so geschickt mit Werkzeugen umgehen, dass es immer wieder von den Erzieherinnen ermuntert wird, seine Fertigkeiten auch an die anderen Kindergartenkinder weiterzugeben. Beim schulischen Werken langweilt es sich eher. Es muss sich kaum anstrengen, um die Leistungen zu bringen, also gibt es sich auch wenig Mühe. Daher sind seine Noten in diesem Fach nicht besonders gut. Ach, seufzt seine Lehrerin, der Vater hat goldene Hände, aber der Sohn ...?

Jahre später kann der junge Mann sein Studium mit dem Handwerk finanzieren, mit Möbelrestauration, Malerarbeiten, Elektromontage. Als Neurophysiologe zeigt er besondere Präparierfertigkeiten, auch die Messapparatur wird unter seiner Anleitung und mit seiner Hilfe angefertigt. Dieser Junge hatte das, was viele Kinder auch unter großen Anstrengungen nicht erreichen können – eine stark ausgeprägte praktische Begabung. Sie wurde zufällig entdeckt und gefördert und sie nutzte ihm in sehr unterschiedlichen Lebenssituationen. Und frische Holzspäne riechen für ihn immer noch magisch.

Wie entsteht praktische Begabung?

Jean Piaget, der wohl bekannteste und produktivste Entwicklungspsychologe des 20. Jahrhunderts, unterteilte die normale Intelligenzentwicklung in vier Stufen. Er nannte die erste „senso-motorisch" (0-2 Jahre), die zweite „präoperational" (2-6 Jahre), die dritte „konkret operational" (7-12 Jahre) und die vierte „formal operational" (ab 12 Jahre). In den ersten drei Stufen sind das Anfassen von Sachen, das Ausprobieren und die praktische Handlung wichtige Entwicklungsstützen der gesamten Intelligenz. „Greifen kommt vor begreifen"[7], sagt Piaget. Es ist bekannt, dass Kinder, die in ihrer praktisch-motorischen Entwicklung gehemmt sind, später eher eine Lese- und Schreibschwäche haben. Das Praktische und das Kognitive bleiben lange ineinander verwoben, wobei das „praktische Problemlösen" im Vorschulalter überwiegt. Folgende Aufgabe ist für jedes Kind leicht lösbar, wenn sie auf Kärtchen abgebildet ist: „Edith ist blonder als Susanne, aber dunkler als Lilli. Welche ist die dunkelste von allen Dreien?" Bleibt die Aufgabe abstrakt, haben selbst manche Erwachsene Schwierigkeiten damit.

[7] Scharlau, Ingrid, Jean Piaget zur Einführung, Junius Verlag, Hamburg, 1996, S.38

Bereits im Kindergarten wird das Praktische jedoch stark vernachlässigt. Dort sind die Werkzeuge meist unter Verschluss und dürfen nur unter Aufsicht der Erzieher benutzt werden. Gewiss, die Verletzungsgefahr bei einem Stemmeisen ist groß, daher lässt man lieber im Sandkasten „basteln" – mit bunten Plastikförmchen.

Am Ende der konkret operationalen Stufe ist das Kognitive nicht mehr auf das Praktische angewiesen. Die Handlungen werden verinnerlicht und müssen nicht mehr tatsächlich durchgeführt werden. Der Vorgang der Verinnerlichung wird in der Schule stark gefördert, das praktische Problemlösen wird eher unterdrückt. Kinder, die einfache Grundrechenarten immer nur an Fingern lösen, sind bald überfordert. Die praktisch-motorische Förderung beschränkt sich in der Schule auf das Schreiben und Malen.

Auch zu Hause bietet sich meist keine große Auswahl an praktischen Tätigkeiten – vom Staubsaugen und Spülen abgesehen. Außerdem kann das Kind mit zunehmender Sprachbeherrschung bestimmte Handlungen an die Eltern delegieren. Und wir tun es doch wirklich gerne für unsere Kinder: Sandburgen bauen, Puppen nähen, Barbie-Behausungen schreinern oder kaufen usw. Das Kind schaut dabei meist interessiert zu oder darf einfache Hilfstätigkeiten übernehmen. Dabei erfährt es zweierlei: Es selbst kann es nicht so gut und die Eltern können es viel besser! Wir nehmen die Vernachlässigung der praktischen Entwicklung gerne in Kauf, schließlich soll aus unserem Kind ja kein Hausmeister werden, sondern ein Informatiker oder zumindest ein Jurist!

Wie entdeckt man praktische Begabung?

Praktisch begabte Kinder fallen auf. Sie gehen keinem technischen Problem aus dem Weg, und wenn sie es nicht selbst lösen können, können sie es in der Regel gut beschreiben. Sie interessieren sich nicht nur für technische Gegenstände, sondern auch für ihr Innenleben und nehmen sie deswegen gerne auseinander. Sie schauen bei der Ausführung von handwerklichen Arbeiten gerne zu, ob zu Hause, auf einer Baustelle oder im Fernsehen. Über bestimmte Dinge und Geräte haben sie oft ein erstaunliches Expertenwissen. Sie sammeln gerne Gegenstände mit der Absicht, sie einmal genauer anzuschauen, zu reparieren oder anderweitig zu verwenden. Bei der Beschäftigung mit handwerklichen Aufgaben sind sie oft so vertieft, dass sie die Zeit und das Essen vergessen. Selbst kleine Verletzungen, im Handwerk unvermeidlich, werden oft übersehen.

Die Begabung wird von Eltern in der Regel wahrgenommen, jedoch fehlt ihnen oft der Vergleich mit anderen Kindern, um die Ausprägung genau einzuschätzen. Hier können psychologische Handlungstests gute Hilfe leisten. Sie verwenden Testmaterial, wie zum Beispiel gezeichnete Labyrinthe, Drähte zum Biegen, Nieten zum Stecken.

Oft steht der Entdeckung dieser Begabung eine soziokulturelle Geringschätzung des Handwerklichen im Wege. Dabei wird übersehen, dass ein Zahnarzt, Chirurg, Architekt oder Ingenieur ein hohes Maß davon besitzen muss, um seinen Beruf gut ausüben zu können. Auch ein Musiker braucht eine unglaubliche Fingerfertigkeit, um ein Instrument zu beherrschen.

Hochbegabte Persönlichkeiten

Der im Jahre 1821 in Potsdam geborene und 1894 in Charlottenburg gestorbene **Hermann Helmholtz** hatte am Anfang seiner Ausbildung nicht vor, Naturforscher zu werden. Er ließ sich zum Militärarzt ausbilden. Doch am meisten interessierten ihn während und nach dem Studium Physiologie, Physik und Mathematik. Als sehr praktisch veranlagter Mensch erfand er einen Augenspiegel, mit dem der Augenhintergrund zum ersten Mal sichtbar gemacht werden konnte. Seine wissenschaftlichen Beiträge zur Sinnesphysiologie, Physik, Mathematik und Philosophie waren so bedeutsam, dass er nach heutigen Maßstäben für mindestens drei Nobelpreise in Frage gekommen wäre. Jedoch wurde diese Auszeichnung erst sechs Jahre nach seinem Tod im Jahre 1901, eingeführt.

Der 1847 in New Jersey geborene und 1931 in West Orange gestorbene **Thomas Alva Edison** hatte es in seiner Kindheit nicht leicht. Im Alter von sieben Jahren wurde er bereits nach drei Monaten als zurückgeblieben von der Schule verwiesen. Er litt unter fortschreitendem Gehörverlust, seine Sprachentwicklung war gehemmt. Seine Mutter, ehemalige Lehrerin, übernahm den häuslichen Unterricht – mit großem Erfolg. Wohl im Ausgleich für sein Handicap hatte sich bei Edison eine außergewöhnliche bildliche Vorstellungskraft entwickelt, die ihm half, konkrete Objekte zu entwerfen, vollständig zu durchdenken und zeichnerisch präzise festzuhalten. Er war von der modernen Technik fasziniert und suchte unermüdlich nach praktischen Lösungen für Alltagsprobleme. Dabei füllte er im Laufe seines Lebens 3.500 Notizbücher und meldete 1.093 Patente an, darunter für Glühbirne, Plattenspieler und Filmkamera. Zusammen mit seinen Laborgehilfen, der „Truppe der Schlaflosen", war der große Erfinder bis ins hohe Alter von über 80 Jahren tätig.

6. BEGABUNGSFELD
Sportlichkeit und Körperkoordination

Was ist Sportlichkeit?

Sportlichkeit wird allgemein definiert als die Fähigkeit, grobmotorische Abläufe besonders schnell und richtig zu bewältigen und in sportliche Leistung umzusetzen.

Unterschiedliche Aspekte von Sportlichkeit

- Fähigkeit zur Nachahmung von Bewegungen
- (Gelenk-) Beweglichkeit
- Schnelligkeit
- Kraft
- Ausdauer
- Koordination komplexer Bewegungsabläufe
- Situationsadäquates Problemlösen (Wem spiele ich den Ball zu, und wann?)

Wer ist sportlich?

Zu welcher Fraktion würden Sie sich zählen? „No sports" (Winston Churchill), „Forever young" (Fitnessguru Dr. Strunz) oder „Go for Gold" (Olympia)?

Nun, die meisten Menschen werden wohl irgendwo dazwischen liegen. Wir wissen: Regelmäßige Bewegung tut gut, ist gesund und jeder Arzt empfiehlt sie. Bei Kindern sollte Sport zu den selbstverständlichen Freizeitaktivitäten gehören.

Aber was ist sportliches Talent? Wie kann man es entdecken? Wie kann man sportliche Begabung fördern, sodass zum Gesundheitsaspekt ein Leistungsaspekt hinzukommt, vielleicht mit beruflichen Perspektiven, zum Beispiel als Übungsleiter, Trainer, Sportlehrer oder sogar Spitzensportler?

An dieser Stelle ist eine Differenzierung wichtig: Die Ausübung einer Sportart, auch im Verein, lässt noch nicht zwingend auf ein sportliches Talent schließen. Jeder kann durch Übung, Motivation und Begeisterung sportlich einiges erreichen, kleine Erfolge erzielen, an Mannschaftswettkämpfen teilnehmen, Abzeichen erringen. Für professionelle „Talentscouts" (Talentsucher) ist das jedoch zu wenig. Sportwissenschaftlich wird der Begriff „Talent" deutlich eingegrenzt. Diese Unterscheidung ist nicht zuletzt deshalb wichtig, um besonders Kinder vor überzogenen Erwartungen und fremdem Ehrgeiz zu schützen.

TALENT: „Eine Person gilt dann als sportliches Talent, wenn man aufgrund ihres Verhaltens oder aufgrund ererbter oder erworbener Fähigkeiten annimmt, dass sie für sportliche Leistungen eine besondere Begabung oder Hochbegabung besitzt."[8]

Weil gerade in den letzten Jahren sehr schnell von Hochbegabung gesprochen wird, oft ohne genau zu wissen, was das bedeutet, hier eine Definition sportlicher Hochbegabung.

TALENT FÜR DEN SPITZENSPORT: „Ein Talent für den Spitzensport ist eine sich noch in der Entwicklung befindende Person, von der man aufgrund bisher erreichter sportlicher Leistungen oder mit Hilfe standardisierter Tests diagnostizierter Leistungsbedingungen begründet annimmt, dass sie, falls sie sich einem nach neuesten Erkenntnissen durchgeführten Training unterzieht und unter leistungsfördernden Umweltbedingungen aufwächst, im Höchstleistungsalter in einer Sportart/-disziplin ein Leistungsniveau erreichen kann, das größte sportliche Erfolge ermöglicht."[9]

[8/9] Karl, Claus, Studienbrief der Trainerakademie Köln des Deutschen Sportbundes, Talentsuche, Talentauswahl und Talentförderung, Hofman Verlag, Schorndorf, 1988

Wie entdeckt man Sportlichkeit?

Das ist noch etwas schwieriger als bei der Musikalität, wo sich zumindest die weitgehend Unmusikalischen schnell identifizieren lassen. Wer möchte schon behaupten, bei einer Gruppe herumtollender Kinder sofort die Sportkanonen unter ihnen identifizieren zu können?

Regelmäßige Bewegung ist wichtig für die gesamte kindliche Persönlichkeitsentwicklung. Einige Kinder aber sind mit so viel Talent ausgestattet, dass sie bei frühzeitiger Entdeckung und richtiger Förderung große Erfolge erzielen und im Sport vielleicht ihren Traumberuf finden könnten.

Wichtig bei der Suche nach dem wirklichen sportlichen Talent ist der Vergleich mit einer größeren Gruppe. Es genügt hierfür nicht der Vergleich mit Freunden oder Geschwistern, ja nicht einmal mit der Schulklasse, wie die Wissenschaftler der Trainerakademie Köln des Deutschen Sportbundes raten. Klarheit bringen standardisierte Testverfahren und professionelle Sichtungen. Kompetenteste Ansprechpartner für eine professionelle Förderung sportlicher Fähigkeiten sind die Landesverbände für die einzelnen Sportarten.

Wie entstehen Sportlichkeit und Körperkoordination?

Phasen der Entwicklung bis zur Volljährigkeit:

Neugeborenes	bis 2 Wochen	Kind (Schulkind)	6-12 Jahre
Säugling	bis 9 Wochen	Jugendlicher	12-20 Jahre
Kleinstkind	bis 2 Jahre	Heranwachsender	18-21 Jahre
Kleinkind	2-6 Jahre	Volljähriger	ab 18 Jahre

Wie die emotionale und kognitive, so durchläuft auch die motorische Entwicklung mehrere verschiedene Stadien. Es gibt zum Beispiel die Phase des Aufrichtens bis zum selbstständigen Laufen zwischen dem 5. und dem 15. Lebensmonat und die Phase der Entwicklung des zielgerichteten Greifens ab dem 16. Lebensmonat. Bedeutsam für die Leistungsfeststellung im Sport sind die Phasen des körperlichen Wachstums. Der Körper entwickelt sich nicht in jeder Lebensphase gleich schnell. Es gibt zum Beispiel Phasen der Fülle, im Kleinkindalter, in der reifen Kindheit (6-12 Jahre) und in der Pubertät, und Phasen der Streckung beim Beginn des Schulalters, in der Vorpubertät und in der Adoleszenz (12-20 Jahre). Besonders dramatische Veränderungen des Körpers erfahren wir zweimal während unserer Entwicklung:

- Im Übergang vom Kleinkindkörper zum Schulkindkörper und durch die Wachstumsverlangsamung in der beginnenden Pubertät, die zudem mit Proportionsverschiebungen (Gliedmaßen wachsen, während der Rumpf seine Gestalt beibehält) einhergeht. Dies ist auch der Grund für die oft zu beobachtende typische Schlaksigkeit bei Jugendlichen.

- Durch die Ausbildung der geschlechtlichen Reifezeichen.

Die bloße Angabe des biologischen Alters reicht nicht aus, um das Kind einem bestimmten Entwicklungsstand zuzuordnen, weil es Früh- und Spätentwickler gibt, die teilweise deutlich vom Durchschnitts-Entwicklungsalter abweichen.

Worauf man bei der Diagnose und Förderung besonders achten sollte: Die verschiedenen Wachstumsphasen mit Beschleunigung und Verlangsamung, die Veränderung der Proportionen und die zu unterschiedlichen Zeiten einsetzenden Entwicklungsphasen beeinflussen die sportliche Leistungsfähigkeit.

Vor allem Kraft, Ausdauer und Schnelligkeit können entwicklungsbedingt stark schwanken. Dagegen bleiben andere Faktoren wie Balance, Körperkoordination, Gefühl für Ballsportarten und bewegungstechnische Faktoren weitgehend stabil. Bei der sportlichen Diagnostik und Förderung ist es daher wichtig, die körperlichen Entwicklungsstadien zu kennen und zu berücksichtigen.

Hochbegabte Persönlichkeiten

Bewegungstalent allein ist zwar eine wichtige Voraussetzung, aber noch kein Garant für sportliche Erfolge oder gar Spitzenleistungen. Wenn wir einen Blick auf Karrieren wie die von Boris Becker, Steffi Graf oder Michael Schumacher werfen, stellen wir fest, dass für den großen Erfolg viele Faktoren zusammenwirken müssen: Sportliches Talent, Entdecker und Förderer, harte Arbeit, Verzicht, Durchhaltevermögen, körperliche und mentale Voraussetzungen und natürlich ein Quäntchen Glück.

Anni Friesinger, 1977 geboren, Eisschnellläuferin, Olympiasiegerin, lief zum ersten Mal Weltrekord mit 17 Jahren bei einem Juniorenwettkampf. Krönung der Karriere war der Olympiasieg und Weltrekord in Salt Lake City 2002 über 1.500 Meter. Anni bereitete sich unter anderem mit unzähligen Rad- und Inline Skate-Kilometern auf ihre Wettkämpfe vor.

Michael Schumacher, 1969 geboren, Formel 1-Fahrer, fuhr bereits mit fünf Jahren seine ersten Kart-Rennen. Obwohl Vater Rolf von den kapitalintensiven Kart-Ambitionen seines Sohnes wenig begeistert war, blieb der Junior dem Motorsport erhalten, weil er von lokalen Geldgebern zeitweise finanzielle Unterstützung erhielt. Die Begeisterung am Kartfahren wuchs immer mehr. 1980 bauten die Mitglieder des Kerpener Kartclubs eine neue Bahn im Kerpener Stadtteil Manheim. Hier fuhren nun Michael und Bruder Ralf in jeder freien Minute. Zehn Jahre später nahm Michael Schumacher als amtierender Deutscher Formel 3-Meister an den inoffiziellen Formel 3-Weltmeisterschaftsläufen 1990 teil.

In Macau traf Schumi, wie schon beim Formel 3-Saisonfinale in Hockenheim, auf seinen größten Konkurrenten Mika Häkkinen. Michael Schumacher gewann das Rennen. So bezwang er die besten Nachwuchsfahrer der Welt – der internationale Durchbruch war geschafft.

Schumi ist ein gutes Beispiel für das Zusammenspiel von Talent, Entdeckung, Förderung, Glauben an die Begabung, Durchhaltevermögen und Ehrgeiz. Nur alle Faktoren zusammen machen seinen Erfolg aus.

7. BEGABUNGSFELD
Musikalität

Was ist Musikalität?

Musikalität ist die Fähigkeit, die zur Ausübung von Musik zur Verfügung stehenden Mittel wie Töne, Klänge und Geräusche verstehen, richtig hören, interpretieren, kombinieren und wiedergeben zu können. Musik selbst wird allgemein beschrieben als eine der wichtigsten Lebensäußerungen des Menschen, die in vielfältiger Weise auf uns einwirkt.

Unterschiedliche Aspekte der Musikalität

- ♫ Melodische, harmonische Fähigkeiten
- ♫ Rhythmische Fähigkeiten
- ♫ Mechanisch-technische Fähigkeiten
- ♫ Fähigkeit zum dramatischen Ausdruck
- ♫ Tonformen- und Rhythmus-Gedächtnis
- ♫ Schöpferische Fähigkeiten

Wer ist musikalisch?

Sie könnten hier zu Recht fragen: Sind nicht alle Menschen auf die eine oder andere Weise musikalisch? Und wenn es sich nur im leidenschaftlichen Sammeln und Hören von CDs oder dem Singen in der Badewanne zeigt. Gewiss. Musik, darüber sind sich auch Musikwissenschaftler und Begabungsforscher einig, ist ein elementarer Bestandteil des Menschseins. Musik berührt und bewegt alle Menschen. Dazu braucht niemand ein Instrument zu spielen oder den Unterschied zwischen Mozart und Schubert zu kennen.

Trotzdem gibt es, wie fast jeder auch aus eigener Erfahrung weiß, ganz offensichtliche Unterschiede in der Fähigkeit, Musik zu verstehen, zu reproduzieren, zu komponieren. Da ist zum Beispiel die fünfjährige Hannah, die mit verblüffender Leichtigkeit mehr als 20 Lieder singen kann, perfekt intoniert. Und sie tanzt sogar noch dazu, im richtigen Rhythmus natürlich. Und dann gibt es auf der anderen Seite Tim, der selbst Musikstücke, die er oft hört, weder melodisch noch rhythmisch wiedergeben kann.

Die Antwort darauf kann die moderne Genforschung geben: Musikalität wird vererbt, wobei die Forschungsergebnisse zwischen 50 und 70 % Vererbungsgrad schwanken. Andere Forschungen zeigen dagegen, wie wichtig auch ein günstiges Lernumfeld für die Entwicklung musikalischer Fähigkeiten ist. Wir können daraus schließen: Ein bisschen Singen und Musizieren kann jeder Mensch lernen, wenn er es wünscht. Die Unterschiede liegen also nicht in vorhandener Musikalität oder prinzipieller Unfähigkeit zur Musik, sondern in unterschiedlichen so genannten Leistungsobergrenzen, also dem Niveau, das erreicht werden kann. Dieses ist bei jedem Menschen individuell.

Wie entsteht Musikalität?

Obwohl wir fasziniert sind von so genannten „musikalischen Wunderkindern" und wir nach wie vor die noch aus der Romantik stammende Bewunderung für das „künstlerische Genie" hegen, ist Musikalität auch ein handfester Begabungsbereich, dessen Dimensionen sich mit standardisierten Begabungstests weitgehend erfassen lassen. Musikalität ist, wie auch das logische Denken, zu einem hohen Grad angeboren und verändert sich nicht wesentlich im Laufe des Lebens. Selbst wenn ein musikalisch veranlagter Mensch mit 50 Jahren zum ersten Mal einen Ton nachzusingen versucht, wird er oder sie das können. Der Unterschied liegt vielleicht in der wenig geübten Stimme oder einer gewissen eigenen Unsicherheit. Den Ton zu erfassen und wiederzugeben ist aber kein Problem.

Entscheidend für die Entfaltung der musikalischen Begabung nach der Entdeckung ist die richtige Förderung. Auch Yehudi Menuhin, der bereits als Achtjähriger Konzerte gegeben hat und als Wunderkind galt, musste ein Leben lang üben, üben, üben.

Wie entdeckt man Musikalität?

Abgesehen von standardisierten, objektiven Testverfahren sind drei Kriterien für die Entdeckung einer musikalischen Begabung beim Kind wichtig: Fachwissen, Beobachtung und Zeit. Wer sichergehen will, muss mit einem gewissen Expertenwissen über einen längeren Zeitraum bei regelmäßiger Förderung aufmerksam die Entwicklung des Kindes beobachten und beurteilen.

Folgende Beobachtungen weisen auf eine musikalische Begabung hin:

Das Kind

- interessiert sich für Musik.

- hört gerne Musik.

- kann Musikstücke gut unterscheiden.

- unterscheidet zwischen Musik, die gefällt oder nicht.

- wählt selbst Musik aus, die es hören will.

- singt und summt gerne und richtig mit.

- beschwert sich, wenn jemand falsch singt.

- klatscht und trommelt gerne und richtig mit.

- singt gerne Sätze zum Spaß, die man genauso gut sprechen könnte, zum Beispiel: „Ich habe Hunger!"
- spielt ein Instrument oder mehrere.
- bewegt sich gerne zu Musik bei Tanz, Gymnastik oder Karaoke.
- macht gerne aktiv Musik, zum Beispiel im Schulchor oder -orchester.

Hochbegabte Persönlichkeiten

Seit der Mensch sesshaft geworden ist, in größeren Gruppen zusammenlebt und Zivilisationen bildet, haben sich auch die musikalischen Ausdrucksformen weiterentwickelt – gerade auch im Hinblick auf ihre Schwierigkeit und Komplexität. Im Sport würde man vielleicht von Profi- und Amateurliga sprechen. Im Laufe der Zeit, besonders aber seit dem 16. Jahrhundert, wurde begonnen, Systematik und Ordnung in die Musik zu bringen, u. a. durch die Erforschung der Tonhöhen und Schwingungszahlen, die Entwicklung eines Notensystems oder die einheitliche Stimmung der Instrumente. Eines der Ziele war es, Musik übertragbar und überlieferbar – konservierbar – zu machen. Seit Ende des Mittelalters wurden darüber hinaus Kompositionen zunehmend weniger vom Komponisten selbst vorgetragen, sondern konnten theoretisch von jedem, der das Notenbild entziffern konnte, gesungen oder gespielt werden.

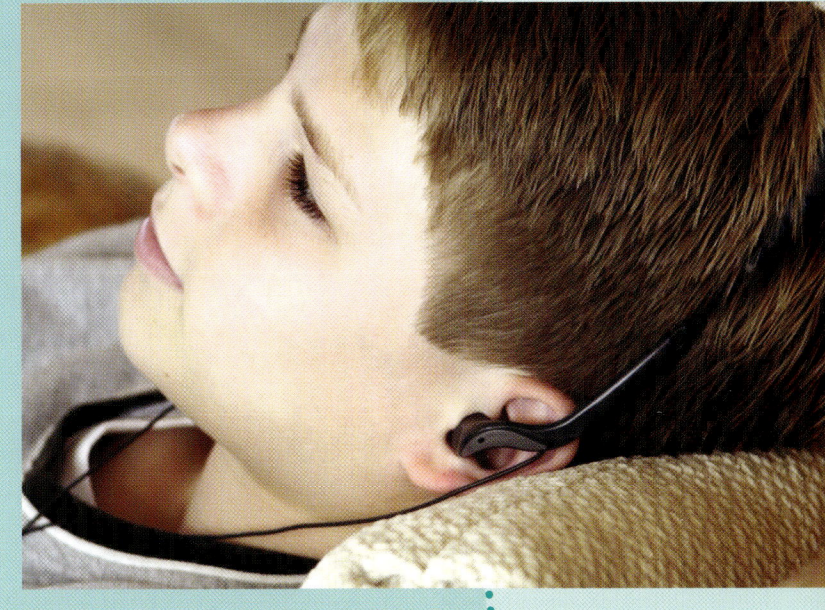

Diese Entwicklung brachte mit sich, dass entsprechend mehr Musik-„Profis" gebraucht wurden: Komponisten, Instrumentalisten, Dirigenten, Sänger, Musiklehrer, die über ausreichende oder besser hervorragende musikalische Fähigkeiten verfügten.

Walther von der Vogelweide (1170-1230), fahrender Minnesänger und Liedermacher. Ihm gelang bereits im Mittelalter, ohne die für uns heute selbstverständlichen Hilfsmittel wie Notensysteme, Computerprogramme und CD-Player, Worte und Musik so elegant zu verbinden, dass sie die Jahrhunderte überdauert haben.

Wolfgang Amadeus Mozart (1756-1791), Komponist und Pianist, ließ von Kindesbeinen an keinen Zweifel an seiner Musikalität. Er wurde zusätzlich von seinem ebenfalls sehr musikalischen Vater – Komponist und Geiger – systematisch gefördert.

Anne-Sophie Mutter, 1963 geboren, weltberühmte Geigerin, wurde von Herbert von Karajan entdeckt und gefördert.

Nigel Kennedy, 1956 geboren, Geiger und Komponist, verbindet auf erfrischende Art und Weise Klassik und Pop. Er steht für die Überzeugung, dass es nicht streng voneinander getrennte Musikrichtungen, sondern nur gute oder schlechte Musik gibt. Er überzeugt mit Vivaldi ebenso wie mit Punk oder Rock.

Musik ist für viele ein berufliches Betätigungsfeld, das Freude macht. Sänger und Chorsänger, Chorleiter, Orchester- und Solomusiker, Dirigenten, Musiklehrer, Pop-, Jazz- und Rockgruppen, DJs, Tontechniker und viele andere.

Historische Sichtweisen der Musikalität

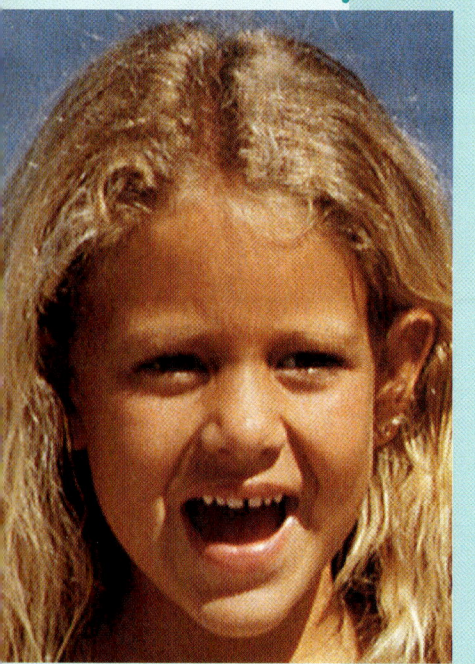

Musikwissenschaftler sind sich nicht darüber einig, wann genau Musik entstanden ist, aber sie stimmen darin überein, dass sie sehr alt ist. Bei Ausgrabungen 18.000 Jahre alter Höhlenzeichnungen wurden Abbildungen von Flöten gefunden. Warum sollte die Musik nicht noch älter sein? Menschen waren schon immer mit Tönen, Geräuschen und Rhythmen konfrontiert. Ein Wasserfall, ein durch die Baumwipfel pfeifender Wind, aufeinander schlagende Hölzer und viele andere steinzeitliche „Musikinstrumente" haben sicherlich schon sehr früh die Fantasie des Menschen angeregt.

Die Forschung darüber begann vor etwa 100 Jahren. Vorangegangen waren jedoch musikpädagogische und musikästhetische Schriften im Zusammenhang mit musik- und gesangspädagogischen Bewegungen Ende des 18., Anfang des 19. Jahrhunderts. Besonders bekannt wurde der musikalisch gebildete Philosoph Christian Friedrich Michaelis mit seinem Aufsatz „Über die Prüfung der musikalischen Fähigkeiten" aus dem Jahr 1805. Zum ersten Mal wurden musikpädagogische Empfehlungen unter Berücksichtigung entwicklungspsychologischer Beobachtungen gegeben. Der Beginn fundierter Musikalitätsforschung wird aber mit dem Buch „Wer ist musikalisch?" von Theodor Billroth aus dem Jahre 1895 in Verbindung gebracht. Es ist der erste „umfassende Versuch, das Wesen der Musik auf der Basis der wissenschaftlichen Erkenntnisse der Zeit zu bestimmen"[10]. Der erste standardisierte Musikalitätstest stammt aus dem Jahre 1919, „Measurements of musical talent" von Carl Emil Seashore. Er ging jedoch noch davon aus, dass musikalische Fähigkeiten nicht trainierbar seien, und gilt deshalb heute als überholt. Heute weiß man: Beides, Begabung und ausdauerndes Training, machen den Erfolg aus.

[10] Geschichte und Stand der musikalischen Begabungsforschung, Uni Osnabrück, 2002

Soziale Kompetenz

Was ist soziale Kompetenz?

Soziale Kompetenz wird allgemein definiert als die Fähigkeit, Stimmungen und Gefühle bei sich selbst (intrapersonell) und bei anderen (interpersonell) zu erkennen und in angemessener Art und Weise mit ihnen umzugehen.

Unterschiedliche Aspekte sozialer Kompetenz

Intrapersonelle Kompetenz (betrifft die eigene Gefühlswelt)

- Schaffung und Aufrechterhaltung eines positiven Selbstbildes
- Selbstvertrauen
- Eigenmotivation, Begeisterungsfähigkeit
- Fähigkeit, sich allein zu beschäftigen
- Konstruktiver Umgang mit Niederlagen
- Konstruktiver Umgang mit Ängsten

Interpersonelle Kompetenz (betrifft die soziale Umwelt)

- Empathie: die Fähigkeit, sich in andere hineinzuversetzen
- Konstruktiver Umgang mit Konflikten
- Fähigkeit, Beziehungen zu knüpfen und zu pflegen
- Teamfähigkeit – gemeinsam mit anderen Ziele und Arbeitsstrategien festlegen und umsetzen
- Kompromissbereitschaft
- Überzeugungskraft
- soziales Engagement

Wer ist sozial kompetent?

Auf diese Frage gibt es zwei Antworten:

Antwort 1:
Selbstverständlich sind wir alle sozial kompetent. Menschliche Entwicklung kann, vor allem in den ersten Lebensjahren, ohne soziale Interaktion nicht oder nur sehr eingeschränkt stattfinden. Zuwendung, Bestätigung, Ablehnung, Vertrautheit, Lachen, Berührung, Liebe, Freundschaft, Streit, Versöhnung, Verständnis, Trauer, gemeinsames Glück, Geborgenheit; das Erleben und Verarbeiten dieser Gefühle ist Voraussetzung für emotionales und soziales Lernen. Bleibt die Erfahrung mangelhaft, führt dies nicht nur zu einer Beeinträchtigung kommunikativer und sozialer Fähigkeiten, sondern auch zum geistigen und körperlichen Entwicklungsrückstand. Bei längerer sozialer Vernachlässigung ist der Rückstand nicht mehr aufzuholen.

Antwort 2:
Soziale Kompetenz ist, wie andere Fähigkeiten und Begabungen auch, bei den Menschen unterschiedlich ausgeprägt. Mädchen gelten allgemein als sozial kompetenter, weil sie sprachlich oft versierter, im Umgang mit Gefühlen empathischer, beim Streit kompromissbereiter und in Notsituationen hilfsbereiter sind als Jungen. Neuere Untersuchungen, zum Beispiel durch den australischen Kinderpsychologen Steve Biddulph, zeigen jedoch, dass alle Kinder soziale Fähigkeiten erlernen und verbessern können. Ein paar nützliche Beispiele für Eltern möchten wir Ihnen geben.

Soziale Kompetenz für Eltern und Kinder – Trainingstipps nach Steve Biddulph[11]:

„Aktives Zuhören"

Wenn Kinder sich über etwas ärgern oder ein Problem schildern, können Eltern auf unterschiedliche Weise darauf reagieren: Sie können das Problem ignorieren oder gar verschlimmern, sie können aber auch das Problem lösen helfen.

[11] Biddulph, Steve, Das Geheimnis glücklicher Kinder, Beust Verlag, 1999

Elternreaktionen, die Probleme verschlimmern oder ignorieren:

Bevormundung: „Mein armer Schatz, lass mich das für dich erledigen!"
Belehrung: „Du bist selbst schuld, dass du in diesen Schlamassel geraten bist. Ich werde dir sagen, was du jetzt tun musst!"
Ablenkung: „Ist ja nicht so schlimm, iss erst mal was!"

Elternreaktionen, die Probleme lösen helfen:

Das „aktive Zuhören"

- heißt nicht Schweigen, sondern Bestätigen der Gedanken und Gefühle des Kindes.

- hilft dem Kind, sich selbst über das Problem klar zu werden.

- bietet keine Sofortlösungen an.

- erteilt keine Ratschläge.

- zeigt sich interessiert.

Beispiel einer Unterhaltung zwischen Mutter und Kind:
„Wie war es denn heute?"
„Nicht so toll!"
„Was ist denn passiert?"
„Ach, wir haben einen neuen Mathe-Lehrer. Der ist zu schnell!"
„Glaubst du, dass du da nicht mithalten kannst?"
„Ja. Ich habe ihn gefragt, ob er mir eine Sache erklären könnte und er hat nur gesagt, ich sollte besser aufpassen!"
„Hmmm... und wie hast du dich dabei gefühlt?"
„Ich war ganz schön wütend – die anderen haben mich auch noch aufgezogen, obwohl sie selber Probleme haben."
„Also ärgerst du dich darüber, dass du in Schwierigkeiten geraten bist, weil du dich als erster gemeldet hast?"
„Ja, so vorgeführt zu werden, das mag ich gar nicht."
„Was willst du jetzt machen?"

„Ich bin mir nicht sicher. Vielleicht sollte ich ihn noch mal nach dem Unterricht ansprechen."
„Glaubst du, dass das besser ist?"
„Ja, schon, dann ist das Fragen nicht so peinlich. Außerdem glaube ich, ist er auch ein bisschen unsicher. Vielleicht geht er deshalb so schnell voran."
„Du meinst, dass er selber Probleme hat?"
„Ja, ich glaube, dass wir ihn einfach nervös machen."
„Kein Wunder, wenn er sich mit so schlauen Schülern wie dir rumschlagen muss!"

Standfeste Liebe

Hier geht es um Disziplin. Steve Biddulph schreibt in seinem berühmten Buch „Weitere Geheimnisse glücklicher Kinder"[12], dass Disziplin nach der Liebe das Allerwichtigste sei, was Eltern ihren Kindern mit auf den Weg geben können. Jeder weiß, dass das leichter gesagt ist als getan. Wir alle kennen Eltern, die ihre Kinder einfach nicht „in den Griff bekommen". Sie kämpfen verzweifelt um ihre Aufmerksamkeit, diskutieren, erklären, brüllen und erreichen doch nichts. Eine bewundernswerte Minderheit von Eltern scheint dagegen bestens zurechtzukommen. Obwohl deren Kinder ihr Zimmer aufräumen, ihre Kleidung ordentlich auf den Stuhl legen und sich freiwillig die Zähne putzen, sind sie keine unterdrückten Sklaven oder eingeschüchterten Mauerblümchen, sondern selbstbewusste, glückliche Kinder.

Disziplin erleichtert es, mit sich selbst und anderen zurechtzukommen.

Wie können Eltern ihren Kindern Disziplin im positiven Sinne beibringen, ohne sie zu schlagen, zu verletzen, zu unterdrücken oder zu beschuldigen? Erfahrene Kindertherapeuten wie Steve Biddulph empfehlen die „Standfeste Liebe". Eltern, die zur standfesten Liebe fähig sind, sagen: „Ich liebe dich, und gerade deswegen erlaube ich dir nicht, dich so aufzuführen!" Sie verbinden Liebe und Standfestigkeit, schlagen nicht und verletzen nicht, aber sie sind unerschütterlich in ihrer Haltung.

[12] Biddulph, Steve, Weitere Geheimnisse glücklicher Kinder, Beust Verlag, 1999

„Fünf soziale Fähigkeiten" nach Lawrence E. Shapiro[13]

Lawrence E. Shapiro, Therapeut für Kinder und Jugendliche, nennt in seinem Buch „Emotionale Intelligenz für Kinder" fünf bedeutsame soziale Fähigkeiten, die zu einem Gefühl von Erfolg und Lebenszufriedenheit beitragen.

Gesprächsfähigkeiten

Das sollten Sie Ihrem Kind im Zusammenhang mit Gesprächsfähigkeiten beibringen:

- Klar die eigenen Wünsche und Bedürfnisse ausdrücken
- Persönliches von sich mitteilen
- Seine Reaktionen auf die Zeichen und Worte anderer einstimmen
- Andere über sich selbst befragen
- Hilfe anbieten und Vorschläge machen
- Einladungen aussprechen
- Positives Feedback geben
- Beim Thema bleiben
- Zeigen, dass man ein guter Zuhörer ist
- Zeigen, dass man die Gefühle anderer versteht
- Interesse an einer anderen Person ausdrücken
- Akzeptanz ausdrücken
- Zuneigung und Zustimmung ausdrücken
- Mitgefühl ausdrücken

[13] Shapiro, Lawrence E., Testen und getestet werden, Verlag Hans Huber, 1999

Humor

Wie Sie Ihrem Kind helfen können, mit Humor Schmerz und Unwohlsein zu verringern und ihn als soziale Fähigkeit zu nutzen:

- Lustige und ausgelassene Spiele, zum Beispiel Wasserschlacht, Kissenschlacht, Kitzeln.

- Witzezeit: Richten Sie eine Familienzeit ein, in der Witze und lustige Geschichten erzählt oder lustige Bilder gemalt werden. Gemeinsames Lachen baut Stress ab und bringt Menschen zusammen.

- Mit Humor gegen Stress: Strecken Sie Ihren Rechnungen die Zunge heraus.

- Werte und Toleranz durch Humor vermitteln: Zeigen Sie Ihrem Kind, dass es neben feindseligem, verletzendem Humor auch eine Form gibt, die hilft, Vorurteile abzubauen und zum Beispiel auf gemeinsame Schwächen hinzuweisen.

- Clown sein: Ermutigen Sie Ihr Kind, sich als Clown zu verkleiden und Clown zu sein. Dieser Umstand schafft besonders für ansonsten zurückhaltende Kinder eine neue Person, die freier und extrovertierter handeln kann.

Freunde gewinnen

- Planen und unterstützen Sie gemeinsame Aktivitäten Ihres Kindes mit anderen. Dabei gilt unter Psychologen der Sport als der beste Eisbrecher. Es darf aber auch ein Zeichentrickfilm sein, den man sich zusammen anschaut und der als gemeinsame Erfahrung dient.

- Stellen Sie den positiven Wert von Freunden heraus. Wenn Sie sich zum Beispiel Klagen über Mitschüler anschließen, verstärken Sie die soziale Isolation. Zeigen Sie Interesse an den Freunden Ihres Kindes, was sie unternehmen und was ihnen wichtig ist.

- Begleiten Sie Ihr Kind besonders in schwierigen Zeiten, zum Beispiel wenn Freundschaften auseinanderzubrechen drohen, und steuern Sie gegen, wenn Ihr Kind dann dazu neigt, sich von Freunden abzuwenden und zu isolieren.

In einer Gruppe zurechtkommen

Sie haben als Eltern auch hier eine wichtige Vorbildfunktion. Über Ihre Aktivitäten in verschiedenen Gruppen lernt Ihr Kind die positiven Aspekte einer Gruppenzugehörigkeit kennen, zum Beispiel wenn es sieht, wie Sie sich auf den Tennis-Mannschaftswettkampf oder die nächste Chorprobe freuen.

Die erste „Gruppe", die Ihr Kind kennen lernt, ist die Familie. Deshalb ist es von großer Bedeutung, dass auch hier echtes Gruppenverhalten vorgelebt wird. Jedes Kind sollte als vollwertiges Mitglied der „Gruppe" Familie ernst genommen werden, sollte Aufgaben selbstständig übernehmen, ja sogar, zum Beispiel bei einem Sonntagsausflug, einmal eine Führungsrolle inne haben.

Ab dem siebten bis achten Lebensjahr sollte Ihr Kind Gelegenheit bekommen, viele Gruppen kennen zu lernen. Achten Sie darauf, dass Kinder, denen es schwer fällt, sich zu integrieren, und die sich auch in der Schule eher am sozialen Rand aufhalten, am besten in Gruppen zurechtkommen, die thematisch und organisatorisch sehr klar und verbindlich strukturiert sind, zum Beispiel Sportverein, Schulorchester oder Theatergruppe.

Umgangsformen

Psychologen wie der erfahrene Lawrence E. Shapiro raten zu einer Erziehung, die den Umgangsformen des Kindes, also seiner Höflichkeit und seinem Respekt gegenüber anderen, eine hohe Bedeutung beimisst. Eine 1996 durchgeführte Untersuchung in den Vereinigten Staaten zeigte, dass 78 % aller Erwachsenen der Meinung sind, dass sich die Umgangsformen in den letzten 10 Jahren stark verschlechtert hätten. Eine Analyse klinischer Überweisungen von Kindern wegen „Entwicklungs- und Verhaltensstörungen" zeigte, dass 50 % dieser Fälle auf schlechtes Benehmen, die Nichteinhaltung von Regeln und antisoziales Verhalten zurückgingen.

Seit Jahrzehnten zeigen Untersuchungen über schulischen Erfolg, dass Schüler, die von ihren Lehrern gemocht werden, besser abschneiden als Schüler mit schlechtem Benehmen. Sie können Ihren Kindern gute Umgangsformen beibringen, indem Sie sie einfach erwarten.

Hochbegabte Persönlichkeiten

Kofi Annan, 1938 geboren, ist der siebte Generalsekretär der Vereinten Nationen und wurde Anfang 2002 für eine weitere Amtszeit gewählt. Er gilt als herausragende Integrationsfigur, der die Menschen zusammenbringt, sie motiviert und begeistert. Die Vereinten Nationen galten lange als zu bürokratisch und träge. Kofi Annan ist es gelungen, dieser wichtigen Organisation neuen Schwung zu geben. Besonders wichtig ist ihm die Bekämpfung von Aids und die weltweite Bildung von Frauen. Im Dezember 2001 wurden er und die Vereinten Nationen für ihre Arbeit mit dem Friedensnobelpreis ausgezeichnet.

Thomas Muster, 1967 geboren, war 15 Jahre lang, von 1984 bis 1999, Tennis-Profi, einige Wochen sogar die Nummer 1 der Weltrangliste. Aber nicht nur die Leistung, sich viele Jahre an der hart umkämpften Weltspitze zu behaupten und viele Niederlagen und Krisen zu meistern, soll hier gewürdigt werden. Auf der Heimfahrt ins Hotel nach einem erfolgreichen Match wurde Muster am 1. April 1989 von einem betrunkenen Autofahrer angefahren und schwer am Knie verletzt (Kreuz- und Seitenbandrisse). Nach fünf Monaten feierte Muster sein Comeback.

Bekannt wurde er vor allem dadurch, dass er während der Verletzungspause, als er noch nicht laufen konnte, auf einem extra für ihn konzipierten Gestell sitzend, weiter Tennis spielte und trainierte. Er bewies damals eine für viele unfassbare Selbstdisziplin und einen unvergleichlichen Siegeswillen.

1996 war er die Nummer 1 der Welt. Bei der Wahl zu Österreichs Sportler des Jahrhunderts kommt Thomas Muster auf den 3. Platz (hinter Toni Sailer, Skifahrer, und Niki Lauda, Rennfahrer).

Der Test

Wie ein Test entsteht

Ein Test ist ein wissenschaftliches Routineverfahren zur systematischen Erfassung der individuellen Ausprägung eines oder mehrerer empirisch abgrenzbarer Persönlichkeitsmerkmale.

Zu grundsätzlichen Überlegungen vor dem Testentwurf gehört die Einschätzung seiner Nützlichkeit (Wofür wird er eingesetzt?) und seiner Handhabung (Unter welchen Bedingungen und mit welchen Instrumenten soll er durchgeführt werden?). Zum methodischen Arsenal der Psychologen gehören zum Beispiel so genannte „Papier und Bleistift-Tests", Handlungstests und Fragebögen. Der Einsatz der jeweiligen Methode ist vom Gegenstand der Untersuchung abhängig. So lassen sich

- kognitive Fähigkeiten (Logisches Denken, Sprache usw.) am besten mit „Papier und Bleistift",
- praktische Fähigkeiten mit Handlungsaufgaben und
- Persönlichkeitsmerkmale (Gewissenhaftigkeit, organisatorische Fähigkeiten usw.) mit Fragebögen erfassen.

Im nächsten Schritt der Testkonstruktion werden geeignete Aufgaben zusammengestellt oder entworfen. Durch ein aufwändiges Verfahren werden zwei wichtige Eigenschaften der Aufgaben ermittelt: ihre Schwierigkeit und ihre Konsistenz.

- Die Schwierigkeit gibt uns Auskunft darüber, wie gut die Aufgabe von Testpersonen gelöst wurde. In einem Test benötigt man sowohl leichte als auch schwierige Aufgaben.
- Die Konsistenz der Aufgaben besagt, dass die jeweilige Aufgabe zu den anderen „passt". So würden Aufgaben vom Typ „Logische Reihen" (siehe Seite 62) gut zueinander passen, unabhängig von ihrer Form (numerisch: 1, 3, 5 usw. oder alphabetisch: a, c, e usw.), nicht jedoch zu den Aufgaben vom Typ „Wortergänzungen". Passende Aufgaben werden anschließend zu so genannten Skalen zusammengefasst.

Einem Test steht nun eine schwierige Prüfung bevor. Es geht um seine Genauigkeit, oder – wissenschaftlich ausgedrückt – um seine Reliabilität. So wie wir von einer Waage erwarten, dass sie bei einer Messwiederholung dasselbe Ergebnis liefert, so erwarten wir auch von einem psychologischen Messinstrument, dass es nicht heute ein und morgen ein anderes Ergebnis liefert.

Ein Test muss jedoch noch eine weitere Hürde nehmen, die wohl schwerste. Man versucht, seine Gültigkeit, seine Validität, zu beweisen. Bei der Messung von physikalischen Größen wie Länge, Gewicht, Temperatur usw. können wir unser Messobjekt (meist) direkt beobachten bzw. untersuchen. Anders verhält es sich bei psychischen Eigenschaften, die nur indirekte Messungen zulassen. Da lauert die Gefahr, dass wir nicht das messen, was wir zu messen wünschen. So kann es passieren, dass wir mit einer „psychologischen Waage" versuchen, „psychologische Längen" zu bestimmen. Die Prüfung der Validität stellt also sicher, dass wir mit dem richtigen Instrument die gewünschte Eigenschaft messen.

Der Test als ein psychologisches Messinstrument ist nun fertig. Man muss ihn nur noch eichen. Dieser letzte Schritt sichert die so genannte Objektivität. Während der Testeichung werden in der Regel mehrere tausend Personen untersucht. Sie dienen nun als Grundlage für den individuellen Vergleich. Zwei Eigenschaften der Eichung sind hier wichtig: der Mittelwert und die so genannte Standardabweichung als das Maß der Streuung. Erst dann können wir sagen, ob die individuelle Leistung durchschnittlich, unter- oder überdurchschnittlich und wie groß diese Abweichung von der Mitte ausgefallen ist.

Für gute Tests sind in der Regel eine mehrjährige Entwicklungsarbeit und regelmäßige Anpassungen notwendig. Dafür sind sie aber auch länger im Gebrauch. Nicht selten sind die bewährten Verfahren 10, 20 oder 30 Jahre alt und dies spricht eher für ihre Qualität. Dagegen erleben die meisten mittelmäßigen Tests lediglich eine Veröffentlichung – auf den Seiten einer Zeitschrift – und sind schon morgen Schnee von gestern.

Gleich kann es losgehen!

Noch einige wichtige Hinweise zum Test

Der Test ist für Kinder im Alter von sechs bis zwölf Jahren konzipiert. Er sollte unter Aufsicht der Eltern oder älterer Geschwister durchgeführt werden, um sicherzustellen, dass alle Angaben genau eingehalten werden. Bei Kindern der ersten und zweiten Schulklasse sollte unbedingt jemand die Lösungen und Ideen für das Kind aufschreiben.

Getestet werden die im Kapitel „Sieben Begabungsfelder – der Abschied vom IQ" (Seite 8) vorgestellten Begabungen:

 Logisches Denken

 Sprachliche Fähigkeiten

 Räumliches Vorstellungsvermögen

 Kreativität

 Praktische Begabung

 Sportlichkeit und Körperkoordination

 Musikalität

Ausrüstung

Für die Tests werden folgende Utensilien benötigt: Stoppuhr, Bleistift, DIN A 4-Papier, Schere, Besenstiel, beliebige CD mit Hülle, Radio.

Die Aufgaben

Für jedes der Begabungsfelder gibt es fünf Aufgabenarten und pro Aufgabenart jeweils drei Schwierigkeitsgrade: leicht, mittel und schwer. Wer alle Aufgaben richtig löst, bekommt drei Punkte. Wenn beispielsweise ein Zweitklässler eine zweite Aufgabe, also die mittelschwere löst, ist das schon super. Löst er alle drei, ist das wirklich spitze. Von den Elf- und Zwölfjährigen wird natürlich etwas mehr erwartet. Sie werden vielleicht manchmal denken, wie einfach die ersten Aufgaben sind. Für sie sind dann die dritten Aufgaben entscheidend.

Fahrplan zum Profil

Im Anschluss an den Test gibt es einen kurzen, einfachen Fahrplan für die Erstellung eines Begabungsprofils.

Punkte

Die Leistung in den einzelnen Begabungsfeldern wird über die Punktzahl festgelegt. Höchstpunktzahl pro Begabungsfeld ist 15. Wir unterscheiden drei Abstufungen: unterdurchschnittlich, durchschnittlich, überdurchschnittlich. In welchem Bereich Ihr Kind mit einer Punktzahl liegt, hängt vom Alter ab, denn jede Altersstufe wird anders bewertet. Wie das funktioniert, erfahren Sie im Anschluss an den Test.

Dauer des Tests und Zeiten

Pro Begabungsbereich werden ca. vier bis sieben Minuten benötigt. Bitte achten Sie genau darauf, dass die angegebenen Zeiten der einzelnen Aufgaben, zum Beispiel 30 Sekunden, nicht überschritten werden, sonst ist der ganze Test nur ein Zeitvertreib ohne wirkliche Aussage.

Pausen

Zwischen den Aufgaben können Pausen je nach Bedarf eingelegt werden. Schließlich soll der Test nicht in Stress ausarten. Es kann zum Beispiel jeden Tag ein Begabungsfeld bearbeitet werden. Es ist aber auch möglich, den ganzen Test an einem Stück zu absolvieren. Das dauert ungefähr 50 Minuten.

Und nun aufgepasst! Auf der nächsten Seite geht es los! Wir wünschen viel Spaß und Erfolg!

1. BEGABUNGSFELD
Logisches Denken

Logische Reihen

Am Ende der unten aufgeführten Zahlenreihen fehlt jeweils die letzte Zahl.
Welche ist es? Bitte trage die richtige Zahl ein.
Zeit: 45 Sekunden

1.   5   4   3   2   ___

2.   2   4   8   ___

3.   1   4   12   15   ___

Chronologisch ordnen

Die jeweils vier Bilder der unten aufgeführten Bilderreihen müssen in die richtige zeitliche Reihenfolge gebracht werden. Bitte kreise das **erste** und das **letzte (vierte)** Bild dieser Folge ein.
Zeit: 45 Sekunden

1.

2.

3.

Reihen fortsetzen

Am Ende der unten aufgeführten Bilderreihen fehlt jeweils das letzte Bild.
Wie muss es aussehen? Zeichne bitte die richtige Lösung ein.
Zeit: 45 Sekunden

1.

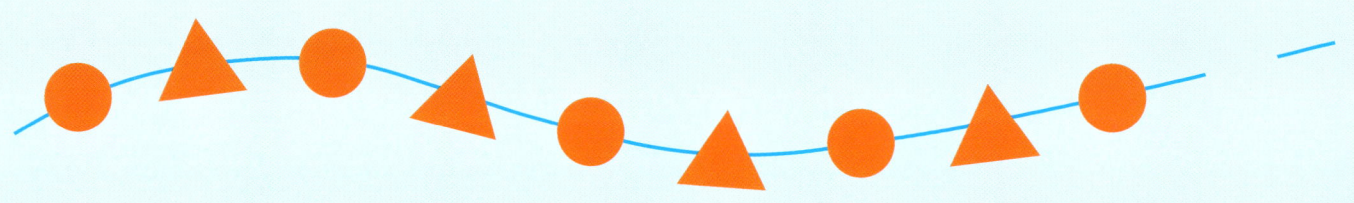

2.

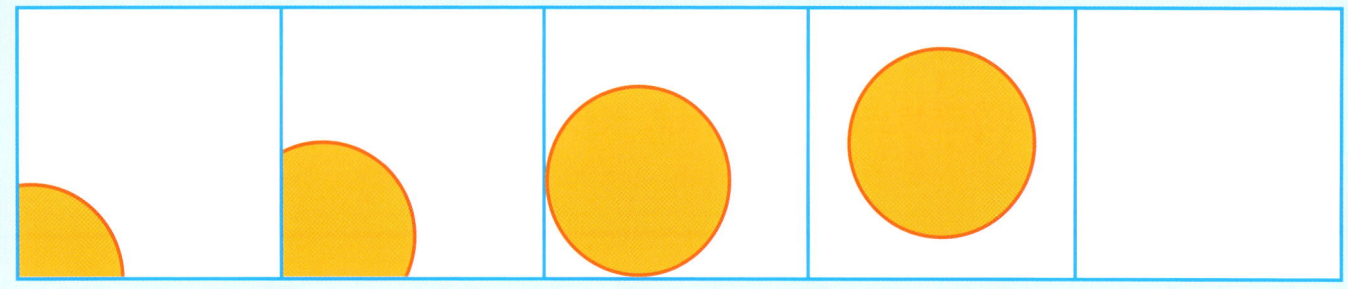

3.

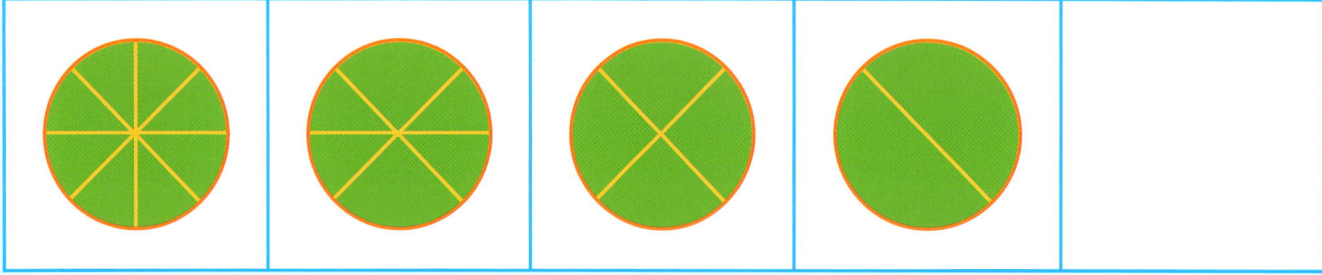

Was passt am besten zusammen?

In jeder der unten aufgeführten Bilderreihen passen zwei Bilder am besten zusammen.
Welche? Kreise sie bitte ein.
Zeit: 45 Sekunden

1.

2.
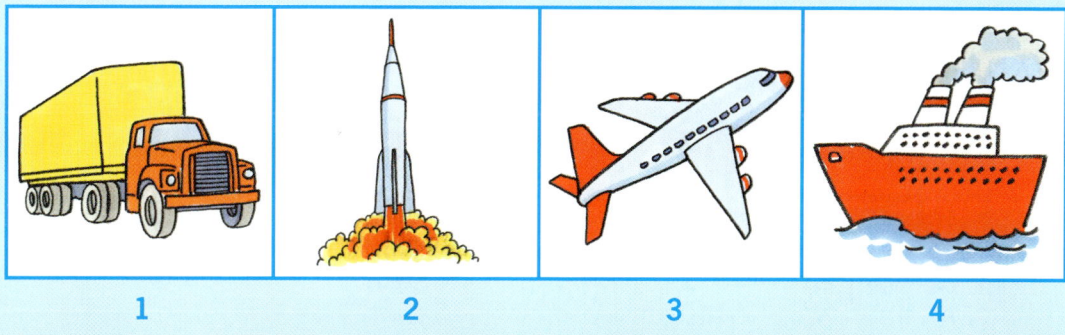

3.

Regel erkennen

In den unten aufgeführten Kreisen ist eines der je vier Felder leer geblieben.
Was muss hinein? Bitte kreuze immer eine der Lösungen an.

Zeit: 45 Sekunden

1.

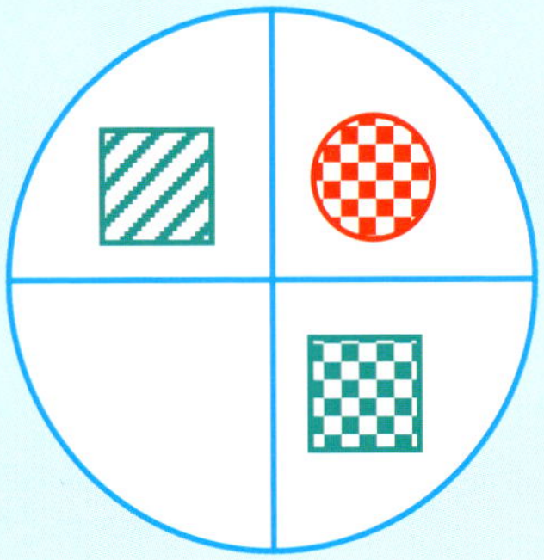

Lösungen:

1 ◯ 2 ◯ 3 ◯ 4 ◯

2.

1 ◯ 2 ◯ 3 ◯ 4 ◯

3.

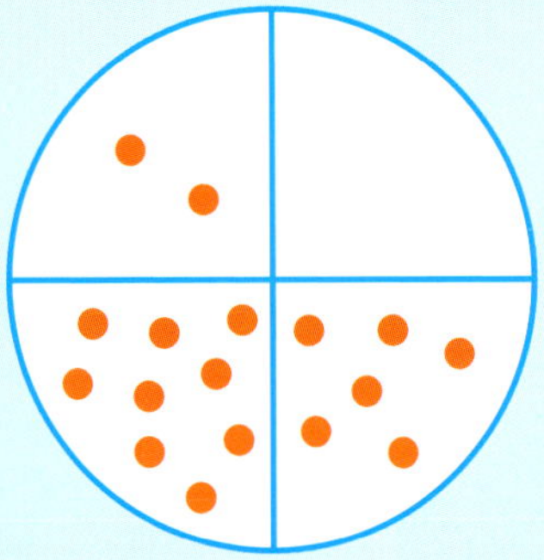

1 ◯ 2 ◯ 3 ◯ 4 ◯

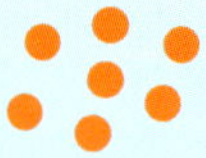

2. BEGABUNGSFELD
Sprachliche Fähigkeiten

Differenzierungen

In den unten aufgeführten Zeilen passt immer ein Wort am wenigsten zu den anderen.
Welches? Streiche es bitte durch.

Zeit: 45 Sekunden

1. **Erdbeeren**   **Himbeeren**   **Grizzlybären**   **Heidelbeeren**

2. **Biene**   **Fliege**   **Wespe**   **Hummel**

3. **Amerika**   **Europa**   **Türkei**   **Asien**

Wortsalat

In den Buchstabenreihen unten verbergen sich sinnvolle, bekannte Wörter.
Welche? Bitte trage das Wort daneben ein.
Zeit: 45 Sekunden

1. **D R A** _____

2. **K R E U G** _____

3. **P E P E R T** _____

Wortbedeutung

Du sollst nun die beiden Wörter in jeder Zeile finden, die eine gegensätzliche Bedeutung haben. Kreise sie bitte ein.

Zeit: 45 Sekunden

1. **alt** **sportlich** **jung** **jugendlich**

2. **gierig** **gelassen** **höflich** **zornig**

3. **lustig** **schnell** **stürmisch** **langsam**

Lebendiger Wortschatz 1

Füge bitte in die Mitte der unten aufgeführten Anfangs- und Endsilben Buchstaben ein, sodass sich jeweils zwei sinnvolle Wörter ergeben.

Beispiel: H A U (<u>S</u>) O N N E

Zwei Wörter, Haus und Sonne, sind entstanden. Mach es nun genauso!
Zeit: 45 Sekunden

1. Hier fehlt ein Buchstabe: T Ü (_) O T

2. Hier fehlen zwei Buchstaben: H A A (_ _) G E N

3. Hier fehlen drei Buchstaben: T I (_ _ _) N E

Lebendiger Wortschatz 2

Suche bitte zu den unten aufgeführten Anfangsbuchstaben jeweils eine Endung, mit der sich drei sinnvolle Wörter ergeben.

Beispiel: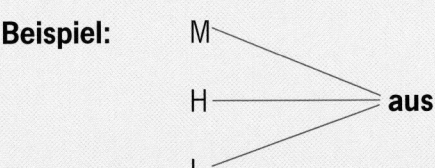

Mach es nun genauso!
Zeit: 45 Sekunden

1.

2.

3.

3. BEGABUNGSFELD
Räumliches Vorstellungsvermögen

Räumliche Bewegung

Beantworte bitte die Fragen rechts neben den Abbildungen.
Zeit: 45 Sekunden

1.

Dreht sich B schneller, langsamer oder genauso schnell wie A?

Antwort:

_____

2.

Können sich diese Walzen so drehen? Ja oder nein?

Antwort:

_____

3.

Können sich diese Walzen so drehen? Ja oder nein?

Antwort:

_____

Verdeckte Flächen

Wie viele Flächen haben diese Körper? Trage bitte die richtige Zahl ein.
Zeit: 45 Sekunden

1.

Zahl der Flächen: _____

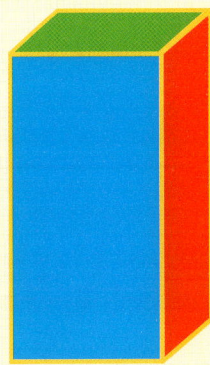

2.

Zahl der Flächen: _____

3.

Zahl der Flächen: _____

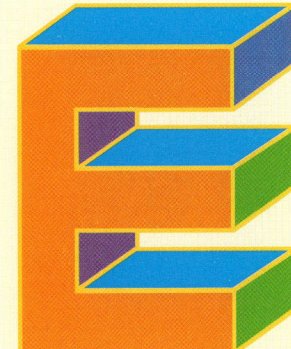

Gedankliches Zusammensetzen

Die Figur links setzt sich aus einigen der daneben aufgeführten Figuren zusammen. Aus welchen? Bitte kreise die richtigen Figuren ein.
Zeit: 45 Sekunden

1. Auswahlfiguren:

2. Auswahlfiguren:

3. Auswahlfiguren:

Ergänze die fehlende Figur

Suche aus den Lösungen die Figur heraus, die im rechten Kasten fehlt.
Es ist immer nur eine Figur und die richtige ist immer dabei. Kreise die richtige Lösung ein!
Zeit: 45 Sekunden

1. Lösungen:

1 2 3 4 5

2. Lösungen:

1 2 3 4 5

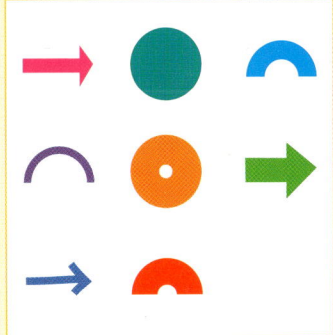

3. Lösungen:

1 2 3 4 5

Abwicklungen

Welcher Grundriss lässt sich zu der Figur im Kasten zusammenfalten?
Es ist immer nur eine Figur und die richtige ist immer dabei. Bitte kreuze die richtige Figur an!
Zeit: 45 Sekunden

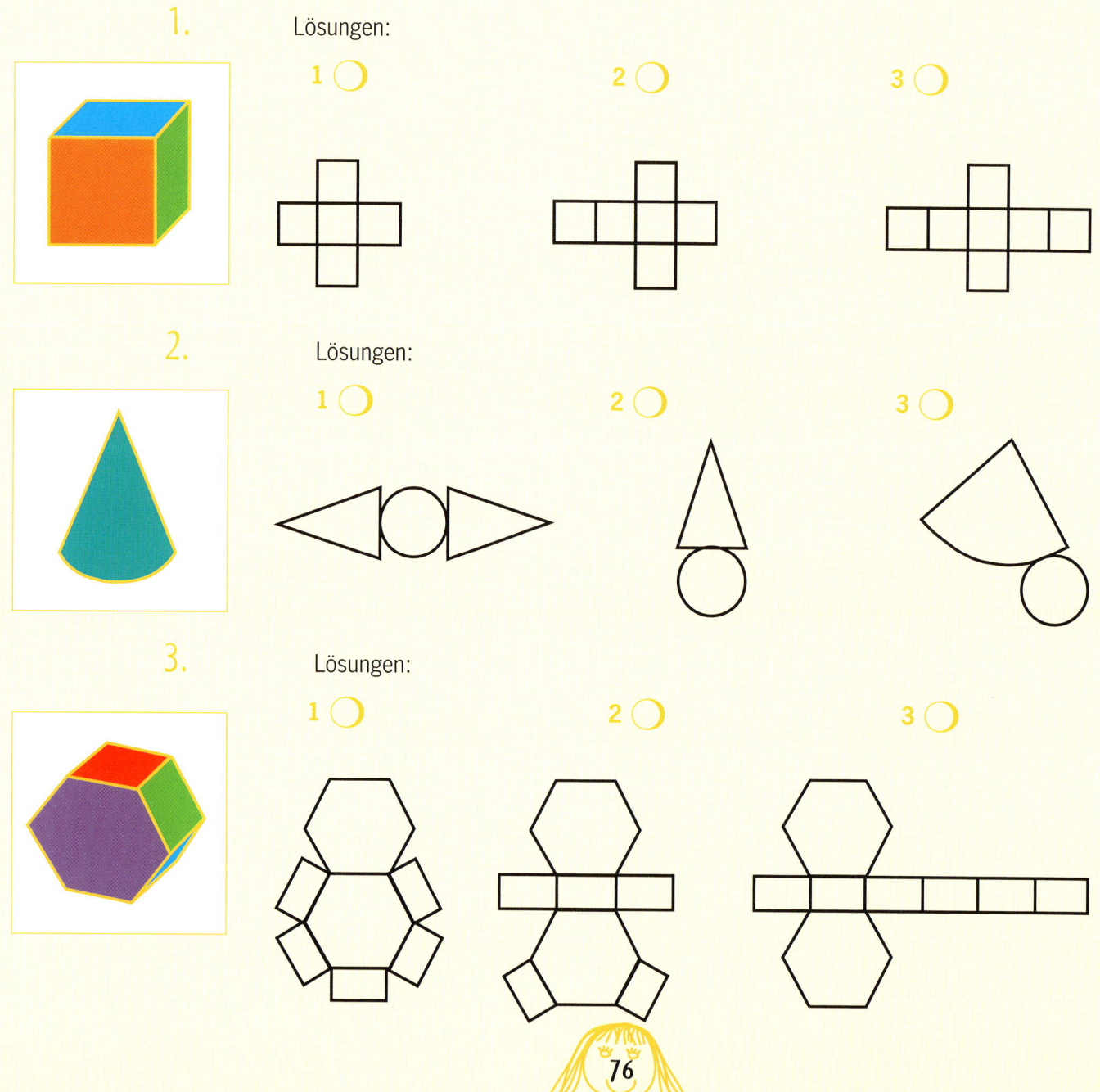

4. BEGABUNGSFELD
Kreativität

Unvollständige Zeichnungen

In dem Rechteck ist eine geschwungene Linie zu sehen. Was stellst du dir unter diesem Bild vor? Trage so viele Ideen wie möglich unten ein! Denke daran, dass es hier keine falschen Antworten gibt.

Zeit: 1 Minute

_____

_____

_____

_____

_____

_____

_____

_____

Gebundene Zeichnungen

In den Kästchen sind verschiedene Ausgangsformen zu finden. Zeichne bitte aus jeder Figur ein richtiges, möglichst fantasievolles Bild.

Zeit: 1 Minute 30 Sekunden

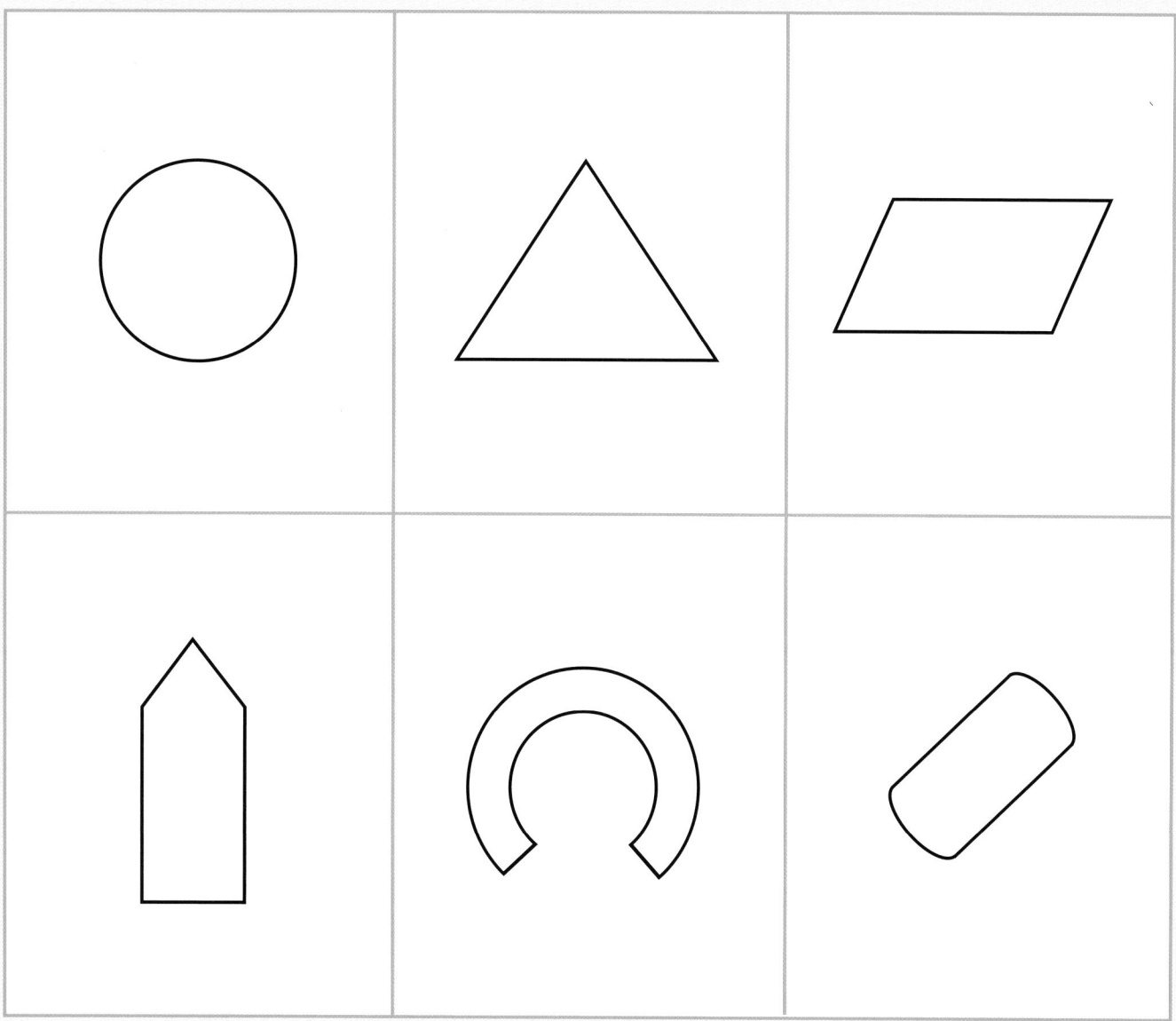

Sprachkreativität

In dem Topf rechts befinden sich verschiedene Buchstaben. Mit ihnen sollst du das „R" unten in so viele Wörter wie möglich einbinden. Es spielt keine Rolle, ob das „R" dabei am Anfang, irgendwo in der Mitte oder am Ende steht. Alle Buchstaben dürfen mehrmals verwendet werden. Trage die Wörter bitte unten ein.

Zeit: 1 Minute 30 Sekunden

R

_____

_____

_____

_____

_____

_____

_____

„Lebensrettende" Kreativität

Auf wie viele Arten kannst du einen Fluss überqueren? Verschiedene Ideen sind wichtig. Ein Begriff wird nur einmal gewertet. Beispiel: Große Brücke, kleine Brücke, schmale Brücke, breite Brücke gelten als eine Lösung und es gibt nur einen Punkt, nämlich für „Brücke". Trage nun unten deine Lösungen ein!

Zeit: 1 Minute

Nützliche Kreativität

Angenommen, Weihnachten oder ein wichtiger Geburtstag steht vor der Tür und du hast noch kein Geschenk. Leider hast du auch dein gesamtes Taschengeld schon ausgegeben. Was kannst du tun? Wie viele „ohne-Geld"-Geschenke fallen dir ein? Trage sie unten ein.
Zeit: 1 Minute

5. BEGABUNGSFELD
Praktische Begabung

Bleistift-Ralley

Zeichne bitte mit Bleistift eine Linie zwischen die beiden Linien der Figuren unten.
Ohne abzusetzen und ohne die Ränder zu berühren!
Zeit: 45 Sekunden

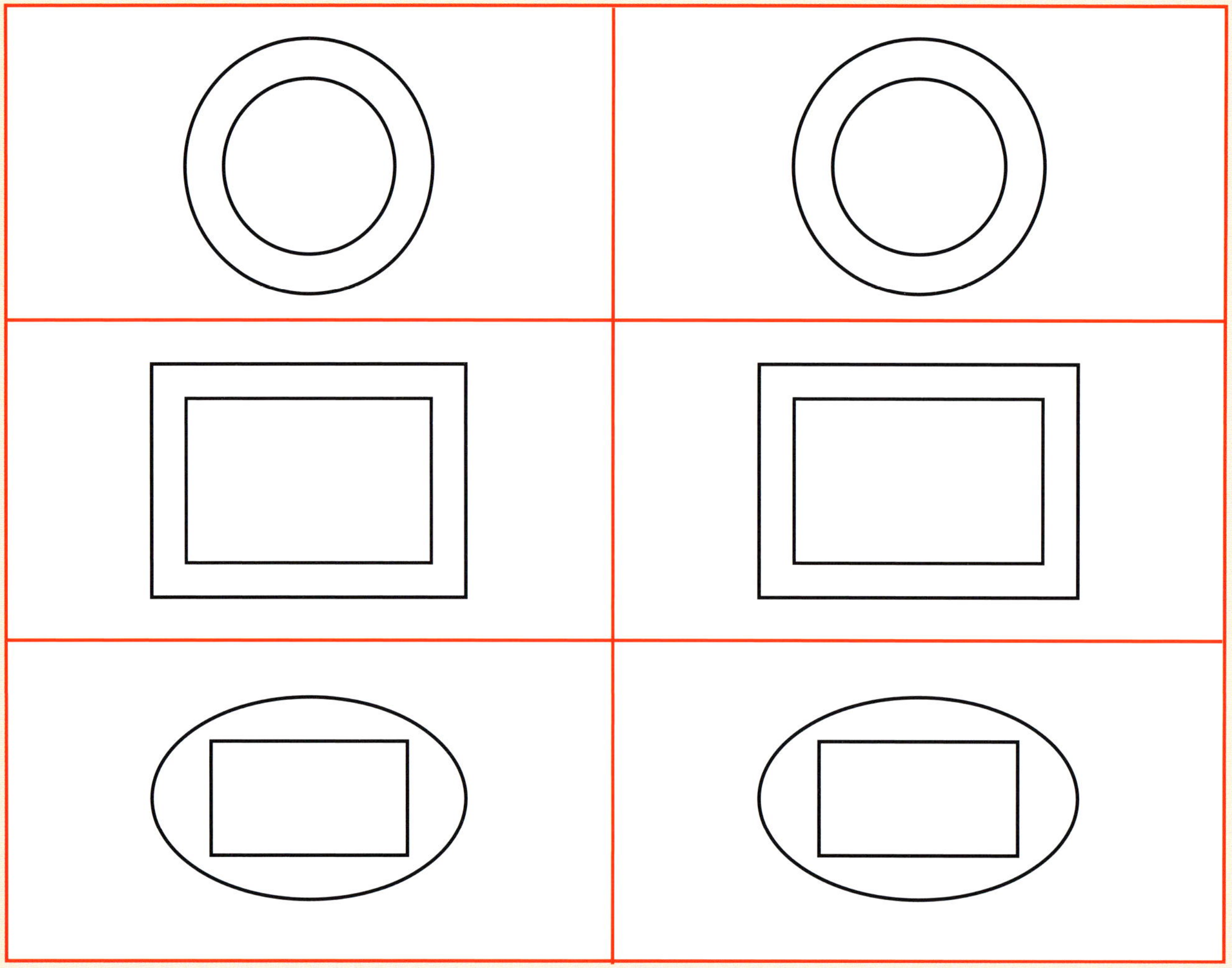

Figuren umzingeln

Zeichne hier mit Bleistift eine Linie so, dass sie alle äußeren Ecken berührt, aber nicht schneidet. Das Ganze natürlich wieder ohne Absetzen!

Beispiel: 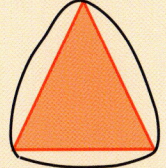 Mach es bitte genauso!

Zeit: 45 Sekunden

1.

2.

3.

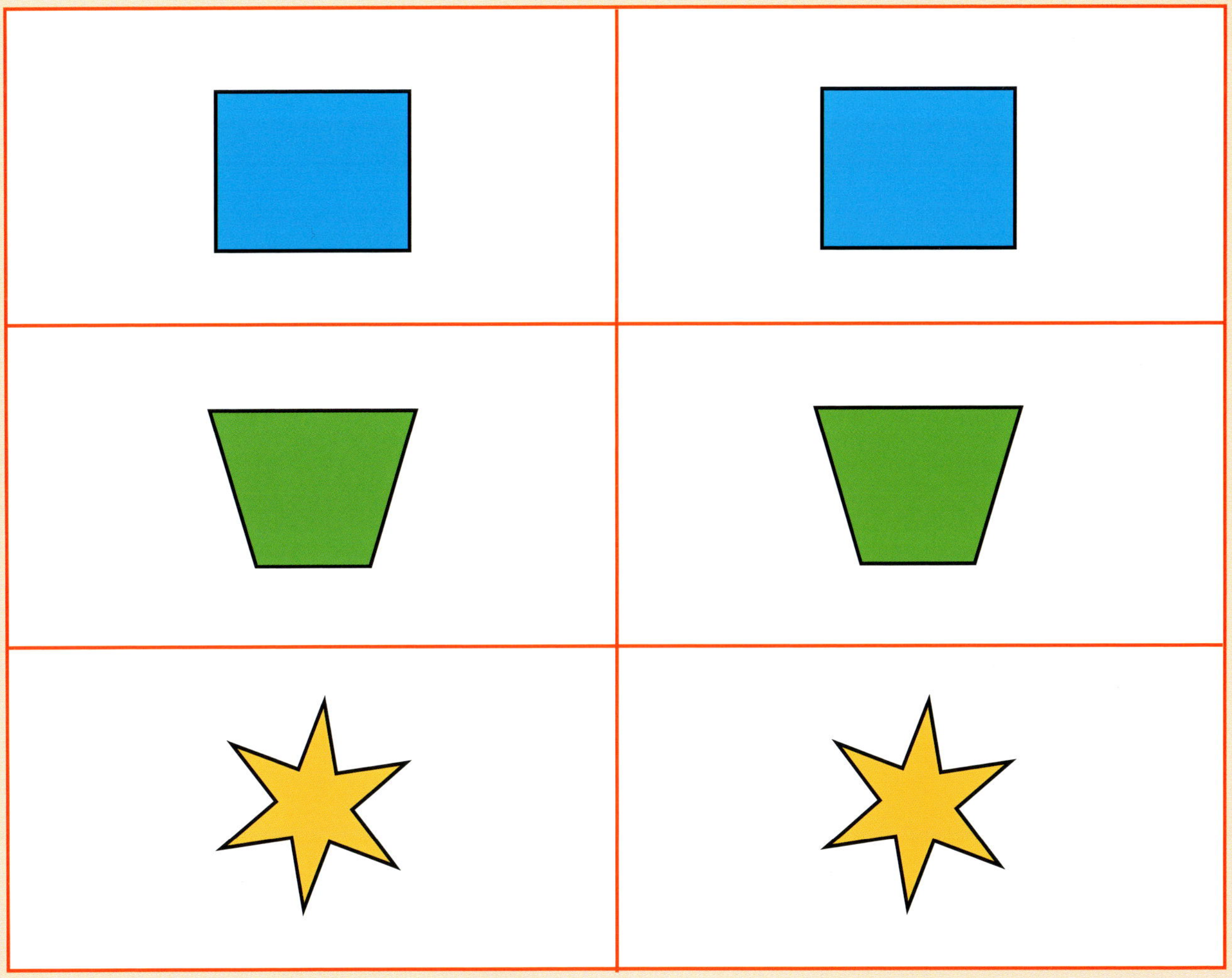

Labyrinth

Zeichne nun mit Bleistift eine Linie vom Start bis zum Ziel.
Einen Punkt gibt es, wenn du innerhalb der angegebenen Zeit fertig geworden bist, den Bleistift nicht abgesetzt und nicht über den Rand des Korridors hinaus gezeichnet hast.
Zeit: 45 Sekunden für jedes Labyrinth

1.

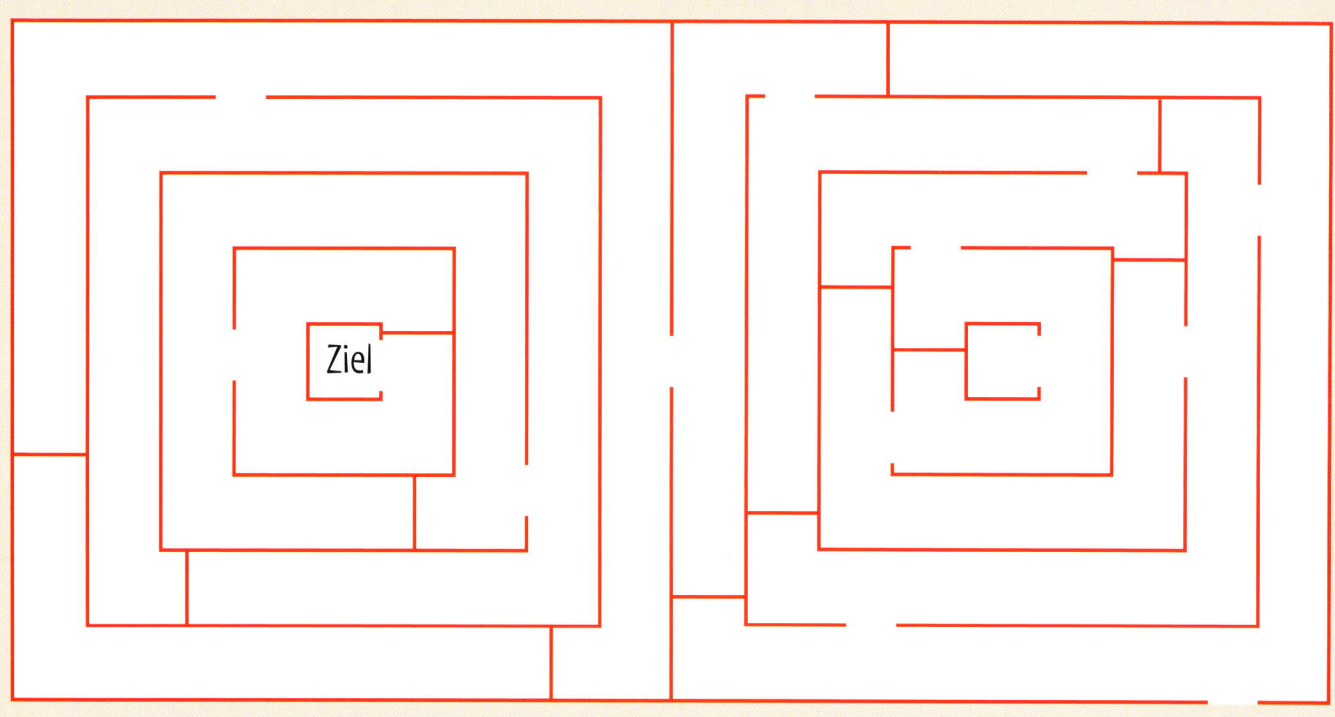

Start

2.

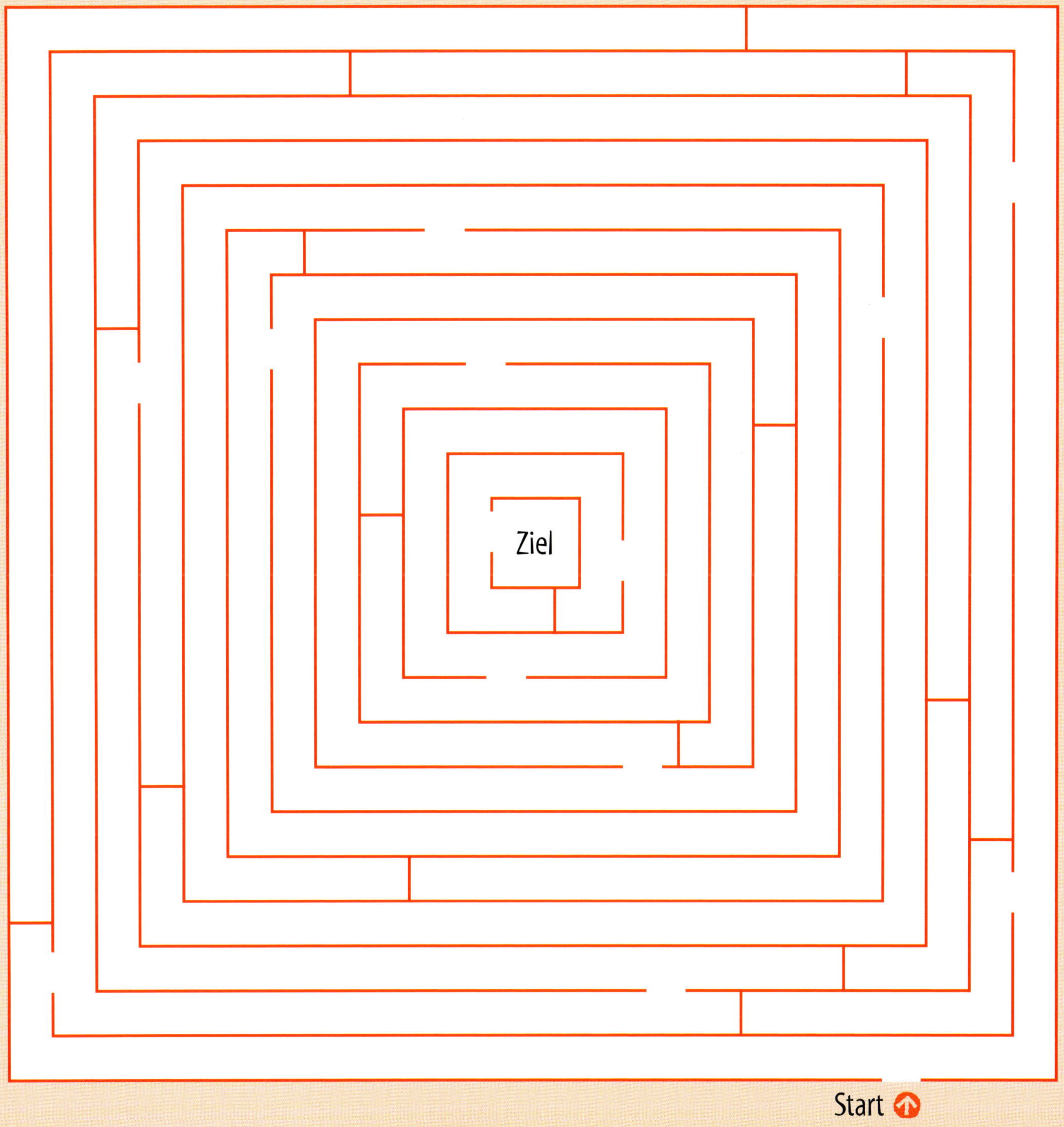

Ziel

Start

3.

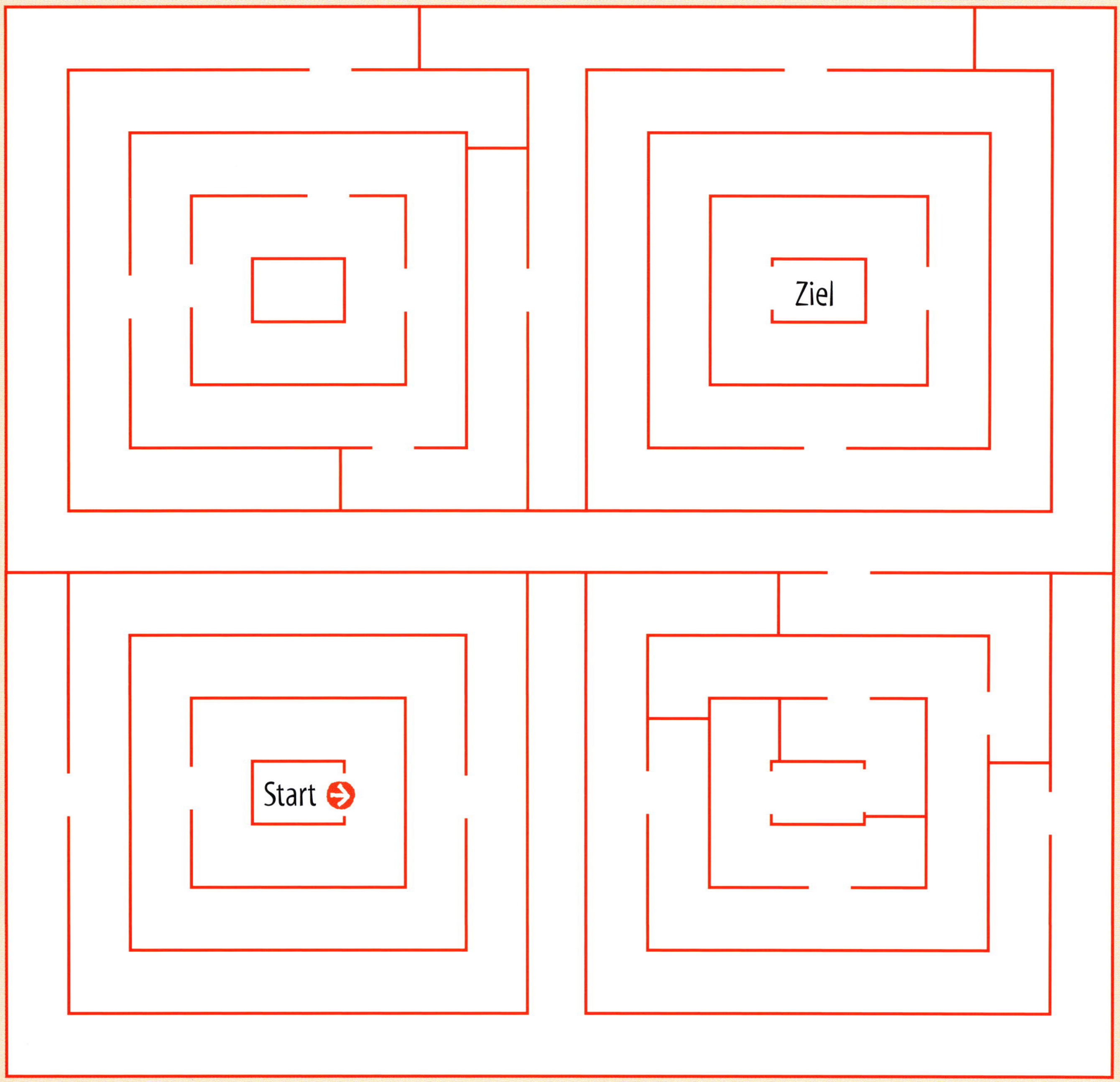

Fingerübungen

Versuche, die unten beschriebenen Fingerübungen in je 20 Sekunden so oft wie möglich zu wiederholen. Der Partner misst die Zeit und zählt mit.

1. Ausgangsstellung:

Handflächen in Augenhöhe vom Körper weg halten. Eine Hand macht eine Faust, die andere ist geöffnet (Finger ganz ausstrecken!). Du sollst so oft wie möglich die eine Hand schließen, während du die andere gleichzeitig öffnest, immer abwechselnd. Achte darauf, dass die eine Hand eine richtige Faust macht, die andere ganz geöffnet ist. Einen Punkt gibt es für 15 oder mehr korrekte Ausführungen. Eine Ausführung ist abgeschlossen, wenn jede Hand einmal zu und einmal auf war.

Zeit: 20 Sekunden

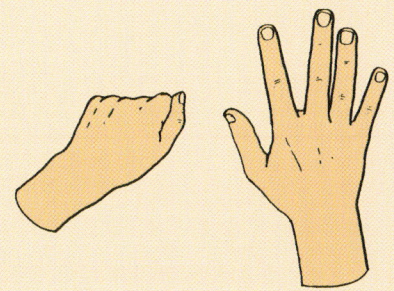

2. Ausgangsstellung:

Handflächen in Augenhöhe vom Körper weg halten. Beide Hände machen dasselbe. Der Daumen berührt nun, beginnend mit dem Zeigefinger, nacheinander alle Finger und wieder zurück. Ein Durchgang bedeutet also: Daumen/Zeigefinger, Daumen/Mittelfinger, Daumen/Ringfinger, Daumen/kleiner Finger, Daumen/Ringfinger, Daumen/Mittelfinger, Daumen/Zeigefinger. Einen Punkt gibt es für fünf oder mehr vollständige, korrekte Ausführungen.

Zeit: 20 Sekunden

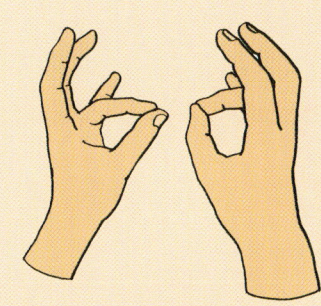

3. Ausgangsstellung:

Betende (flache) Hände. Die Fingerspitzen von Daumen/Daumen, Zeigefinger/Zeigefinger usw. berühren sich. Nun müssen nacheinander Daumen/Daumen, Zeigefinger/Zeigefinger usw. voneinander abgehoben werden (mindestens 2 cm) und wieder zurück wie bei Übung 2, ohne dass sich sonst etwas bewegt. Alle anderen Finger müssen sich nach wie vor berühren, nur die, die gerade dran sind, heben sich voneinander ab. Einen Punkt gibt es für drei oder mehr vollständige, korrekte Ausführungen.

Zeit: 20 Sekunden

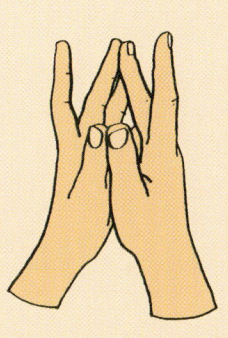

Figuren ausschneiden

Drei verschiedene Figuren müssen nun so genau wie möglich in einer bestimmten Zeit ausgeschnitten werden. Du brauchst die Stoppuhr, zwei DIN A 4-Blätter, eine CD mit Hülle, eine Schere und einen Bleistift.

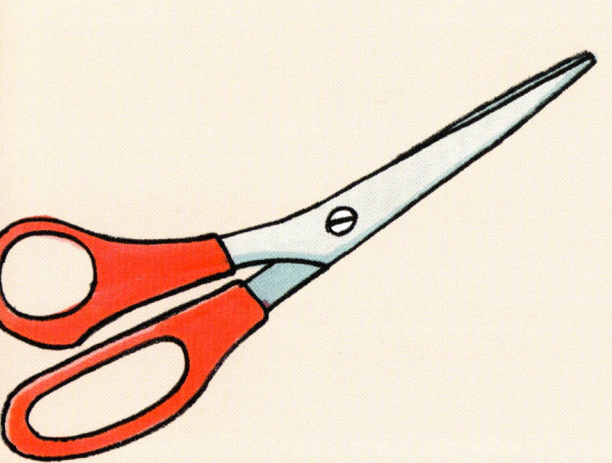

1. Nimm die CD heraus und benutze sie als Schablone, um mit dem Bleistift einen Kreis zu zeichnen. Dieser Kreis muss so exakt wie möglich ausgeschnitten werden. Einen Punkt gibt es, wenn die Figur vollständig ausgeschnitten ist und die Schnittlinie nicht weiter als 3 mm von der CD abweicht. Dazu einfach die CD auf die ausgeschnittene Figur legen.
   Zeit: 20 Sekunden

2. Nimm nun die CD-Hülle und benutze sie als Schablone für ein Rechteck. Dieses Rechteck muss so exakt wie möglich ausgeschnitten werden. Einen Punkt gibt es wieder, wenn die Figur vollständig ausgeschnitten ist und die Schnittlinie nicht weiter als 3 mm von der CD-Hülle abweicht. Dazu einfach die CD-Hülle auf die ausgeschittene Figur legen.
   Zeit: 20 Sekunden

3. Nimm nun die CD-Hülle und benutze sie wieder als Schablone für ein neues Rechteck. Zeichne bitte durch das Rechteck eine Diagonale, sodass zwei Dreiecke entstehen. Eines der Dreiecke muss so exakt wie möglich ausgeschnitten werden. Einen Punkt gibt es wieder, wenn die Figur vollständig ausgeschnitten ist und die Schnittlinie nicht weiter als 3 mm von der Vorlage abweicht. Du kannst dazu einfach die ausgeschnittene Figur auf das andere Dreieck legen.
   Zeit: 20 Sekunden

6. BEGABUNGSFELD
Sportlichkeit und Körperkoordination

Gleichgewicht

Für die Durchführung der Aufgaben benötigst du einen haushaltsüblichen Besenstiel, Länge ca. 1,20 m, Durchmesser 4 bis 5 cm.

1. Stehen auf einem Bein

Versuche, 30 Sekunden lang auf einem Bein (egal ob rechts oder links) zu stehen, selbstverständlich ohne Hilfsmittel und ohne mit dem anderen Fuß aufzutippen.

2. Hüpfen auf einem Bein

Versuche nun, 30 mal auf dem rechten oder linken Bein, möglichst auf einer Stelle, zu hüpfen.

3. Einbeiniges Slalom-Hüpfen

Versuche, 10 mal mit einem Bein hin und zurück über den Besenstiel zu springen. Das Hindernis darf dabei nicht berührt werden.

Reaktion und Schnelligkeit

Du brauchst nun wieder den Besenstiel. Es geht bei dieser Aufgabe um Reaktionsgeschwindigkeit und Spurtqualitäten. Dein Partner (Eltern oder Geschwister) hält den **senkrecht** stehenden Besenstiel mit einer Hand. Du stehst mit dem Rücken zum Stab erst einen, dann zwei und dann (Puh!) drei Meter entfernt. Der Stabhalter lässt den Besenstiel los und sagt **gleichzeitig** laut und deutlich: „Jetzt!" Du musst dich nun ganz schnell umdrehen und losspurten, um den fallenden Besenstiel zu fangen, bevor er den Boden berührt. Wenn das gelungen ist, gibt es einen Punkt.

1.

1 m

2.

2 m

3.

3 m

Kraft und Ausdauer

Lege dir nun den Besenstiel quer über die Schultern wie auf den Bildern unten zu sehen. Dann müssen ohne größere Pausen Kniebeugen gemacht werden. Eine korrekte Kniebeuge beginnt im Stehen, geht weiter bis in eine tiefe Hocke und endet wieder im Stehen.

1. Für sieben Musterkniebeugen gibt es einen Punkt.

2. Na, schaffst du noch mal sieben Kniebeugen? Dann bekommst du noch einen weiteren Punkt.

3. Endspurt! Noch mal sieben Kniebeugen! Dann bekommst du alle drei Punkte!

Körperkoordination

Versuche die unten in vier Schritten beschriebene Übung so oft wie möglich zu wiederholen.

Die Übung:

1. Stab vor den Körper halten

2. Stab mit beiden Händen festhalten und drübersteigen

3. Stab hinter sich auf den Boden legen. Nicht fallen lassen!

4. Rückwärts über den Stab steigen und aufheben.

Mach es nun genauso!
Zeit: 1 Minute

Ausdauer, Sprungkraft

Lege den Besenstiel auf den Boden. Nun sollst du mit geschlossenen Beinen so oft wie möglich hin- und herspringen.

Die Übung:

Mach es nun genauso!
Zeit: 30 Sekunden

7. BEGABUNGSFELD
Musikalität

Töne nachsingen 1

Wenn du den Telefonhörer abhebst, hörst du einen Ton, das Freizeichen. Um diesen Ton geht es in den nächsten Übungen.

1. Singe oder summe bitte den Telefonton (Freizeichen), während du ihn hörst oder unmittelbar danach. Es gibt einen Punkt, wenn dein gewissenhafter Partner sagt, dass der Ton stimmt. Du musst keinen Gesangswettbewerb gewinnen und es macht auch nichts, wenn sich dein Ton ein paar Sekunden etwas annähern muss. Nur die Tonhöhe muss stimmen.

2. Höre dir nun den Telefonton ein paar Sekunden lang an und lege dann auf. Nun zähle langsam rückwärts von 20 bis 1. Nach ca. einer Minute versuchst du, dich an den Ton zu erinnern. Wenn du ihn immer noch singen kannst, gibt es wieder einen Punkt.

3. Höre dir nun den Telefonton wieder ein paar Sekunden lang an und lege dann auf. Nun warte bitte ca. drei Minuten. In dieser Zeit solltest du etwas völlig anderes machen, dir zum Beispiel eine Apfelschorle einschenken und eine Zitronenscheibe hineinschnibbeln. Wenn du nach drei Minuten noch den Telefonton richtig nachsingen kann, gibt noch einmal einen Punkt

Töne nachsingen 2

Jetzt brauchst du einen Partner, der ein paar Töne singen oder spielen kann. Bestimmt gibt es auch bei dir zu Hause irgendwo ein kleines Xylophon, eine Mundharmonika oder sogar eine Gitarre, ein Keyboard oder ein Klavier.

1. Lass dir nacheinander drei einzelne Töne vorspielen oder -singen und versuche, sie gleich nachzusingen. Wenn alle drei Töne richtig waren, gibt es einen Punkt.

2. Lass dir nacheinander drei mal zwei Töne, sozusagen eine Minimelodie, vorspielen oder -singen und versuche wieder, sie gleich nachzusingen. Wenn alle drei Tonpaare richtig waren, gibt es einen Punkt.

3. Lass dir nun nacheinander drei mal drei Töne vorspielen oder -singen und versuche wieder, sie gleich nachzusingen. Wenn alle drei Minimelodien richtig waren, gibt es wieder einen Punkt.

Tonhöhe verändern

Jetzt wenden wir uns richtigen Musikstücken zu. Sicher kennst du das Geburtstagslied „Happy Birthday to you". Wir brauchen es für die nächsten drei Übungen. Ist dein Musikpartner bereit?

1. Sing nun das Lied „Happy Birthday to you"! Es muss nicht perfekt sein und auch nicht klingen wie in einer Oper. Wie schön es sich anhört, ist nicht das wichtigste, aber die Töne müssen richtig sein. Dann gibt es einen Punkt.

2. Nun sing bitte dasselbe Lied etwas höher als gerade eben. Wenn es dir gelingt, gibt es wieder einen Punkt.

3. Nun sollst du ein drittes und letztes Mal „Happy Birthday to you" singen, aber mit einem Ton beginnen, den dein Partner vorgibt oder den du zum Beispiel aus dem Radio übernimmst. Natürlich muss der Ton in einer Lage sein, die für dich singbar ist. Wenn es gelingt, gibt es noch einen Punkt.

Mitsingen

Jetzt brauchst du ein Radio oder einen CD-Player. Höre dir nun insgesamt drei beliebige Musikstücke an. Gegen Ende der Musikstücke sollst du jeweils versuchen, mindestens zehn Sekunden lang mitzusingen, zum Beispiel den Refrain, es gilt aber auch jede andere Stelle. Der Text ist dabei nicht wichtig, es kann also auch gesummt oder auf der Silbe „Na" gesungen werden. Die Musikrichtung überlassen wir deinem Geschmack. Voraussetzung ist nur, dass die Stücke so etwas wie eine Melodie haben und sich möglichst stark voneinander unterscheiden. Für jedes Musikstück, dessen Melodie du erkannt und mehr als zehn Sekunden mitgesungen hast, gibt es einen Punkt. Insgesamt also wieder drei Punkte.

Rhythmus

Wieder benötigst du Radio oder CD-Player. Höre dir nun wieder insgesamt drei beliebige Musikstücke an. Gegen Ende jedes Musikstückes sollst du den Rhythmus mitklatschen. Wenn das Stück zu Ende ist, bitte noch fünf bis zehn Sekunden weiterklatschen und den Rhythmus so genau wie möglich beibehalten. Wenn das geklappt hat, ist das einen Punkt wert. Die Musikrichtung überlassen wir wieder dir. Voraussetzung ist nur, dass es Stücke mit unterschiedlichen Rhythmen sind, zum Beispiel ein schnelles, ein langsames, ein Volksmusikstück, ein Schlager, ein Rap usw. Für jeden richtigen Rhythmus bekommst du wieder einen Punkt. Insgesamt also drei Punkte.

So, das war die letzte Aufgabe. Jetzt hast du es geschafft!

Das Begabungsprofil

Fahrplan für die Profilerstellung

Liebe Eltern, Sie haben nun mit Ihrem Kind alle Tests absolviert und sind gespannt auf das Ergebnis. Um genau zu wissen, wie Ihr Kind in den einzelnen Begabungsfeldern abgeschnitten hat und wie das Gesamtprofil aussieht, benötigen Sie lediglich drei Schritte:

Schritt 1

- Sie trennen die Seiten 100-103 mit Hilfe einer Schere aus dem Buch heraus und vergleichen die Ergebnisse Ihres Kindes mit den Lösungen auf dem Lösungsblatt.

- Auf dem Ergebnisblatt tragen Sie die erreichte Punktzahl Ihres Kindes ein. Es gibt einen Punkt, wenn eine Aufgabe richtig gelöst wurde, oder keinen, wenn sie nicht richtig gelöst wurde.

- Unten auf dem Ergebnisblatt tragen Sie dann die Summe für jedes Begabungsfeld ein. Es ist immer eine Zahl zwischen 0 und 15, zum Beispiel: Logisches Denken – 9 Punkte, Sprachliche Fähigkeiten – 4 Punkte, Räumliches Vorstellungsvermögen – 11 Punkte usw.

Schritt 2

- Nun können Sie gleich in der Auswertungstabelle (Seite 104) nachsehen, in welchem Bereich Ihr Kind liegt. Die Auswertungstabelle gilt für alle Begabungsfelder.

- Achten Sie bitte auf die richtige Zeile mit dem Alter Ihres Kindes. Die bunten Balken sind immer von eins bis neun nummeriert. Das sind die neun Stufen, in die wir die Leistung eingeteilt haben. Wenn zum Beispiel ein sechsjähriges Kind acht Punkte erzielt, ist es in Stufe acht und liegt damit im überdurchschnittlichen Bereich, wenn ein neunjähriges Kind acht Punkte erreicht, ist es auf Stufe fünf und damit im durchschnittlichen Bereich, und wenn ein zwölfjähriges Kind acht Punkte erreicht, ist es auf Stufe zwei und damit unterdurchschnittlich bei dieser Begabung.

Schritt 3

- Um einen schnellen Überblick zu bekommen, tragen Sie nun die Stufen für alle sieben Begabungsfelder in das Begabungsprofil (Seite 107) ein: zum Beispiel Logisches Denken Stufe drei, Sprachliche Fähigkeiten Stufe acht, Räumliches Vorstellungsvermögen Stufe vier usw. Es ist immer eine Zahl zwischen eins und neun. Sie können jetzt die Begabungsfelder direkt vergleichen. Ihr Kind kann die Säulen bis zur Höhe der erreichten Stufe ausmalen, sodass ein Diagramm mit sieben Säulen entsteht. Wie ein fertig ausgefülltes Begabungsprofil aussehen kann, sehen Sie auf der vorderen Umschlagklappe.

- Eine Beschreibung der Begriffe unterdurchschnittlich, durchschnittlich, überdurchschnittlich finden Sie ab Seite 105.

Wie Sie die einzelnen Begabungsfelder fördern können, lesen Sie im Kapitel „Fördertipps" (Seite 108). Dort finden Sie für alle Begabungen viele Anregungen. Es spielt dabei keine Rolle, ob Ihr Kind ein unterdurchschnittliches, durchschnittliches oder überdurchschnittliches Ergebnis erzielt hat.

Ergebnisblatt

Logisches Denken	Sprachliche Fähigkeiten	Räumliches Vorstellungsvermögen	Kreativität	Praktische Begabung	Sportlichkeit und Körperkoordination	Musikalität
Logische Reihen	Differenzierung	Räumliche Bewegung	Unvollständige Zeichnungen	Bleistift-Rallye	Gleichgewicht	Töne nachsingen 1
Chronologisch ordnen	Wortsalat	Verdeckte Flächen	Gebundene Zeichnungen	Figuren umzingeln	Reaktion und Schnelligkeit	Töne nachsingen 2
Reihen fortsetzen	Wortbedeutung	Gedankliches Zusammensetzen	Sprachkreativität	Labyrinth	Kraft und Ausdauer	Tonhöhe verändern

Logisches Denken	Sprachliche Fähigkeiten	Räumliches Vorstellungsvermögen	Kreativität	Praktische Begabung	Sportlichkeit und Körperkoordination	Musikalität
Was passt am besten zusammen?	Lebendiger Wortschatz 1	Ergänze die fehlende Figur	Lebensrettende Kreativität	Fingerübungen	Körperkoordination	Mitsingen
Regel erkennen	Lebendiger Wortschatz 2	Abwicklungen	Nützliche Kreativität	Figuren ausschneiden	Ausdauer, Sprungkraft	Rhythmus
GesamtPunktzahl	GesamtPunktzahl	GesamtPunktzahl	GesamtPunktzahl	GesamtPunktzahl	GesamtPunktzahl	GesamtPunktzahl

Lösungsblatt

Logisches Denken	Sprachliche Fähigkeiten	Räumliches Vorstellungsvermögen	Kreativität	Praktische Begabung	Sportlichkeit und Körperkoordination	Musikalität
Logische Reihen	**Differenzierung**	**Räumliche Bewegung**	**Unvollständige Zeichnungen**	**Bleistift-Rallye**	**Gleichgewicht**	**Töne nachsingen 1**
1	Grizzlybären	schneller	5-9 Ideen – 1 Punkt	erste Doppelfigur korrekt	geschafft	richtiger Ton
16	Fliege	nein	10-14 Ideen – 2 Punkte	zweite Doppelfigur korrekt	geschafft	richtiger Ton
45 oder 23	Türkei	nein	ab 15 Ideen – 3 Punkte	dritte Doppelfigur korrekt	geschafft	richtiger Ton
Chronologisch ordnen	**Wortsalat**	**Verdeckte Flächen**	**Gebundene Zeichnungen**	**Figuren umzingeln**	**Reaktion und Schnelligkeit**	**Töne nachsingen 2**
3, 2	Rad	6	1-2 Ideen – 1 Punkt	erste Doppelfigur korrekt	geschafft	richtiger Ton
2, 3	Gurke	8	3-4 Ideen – 2 Punkte	zweite Doppelfigur korrekt	geschafft	richtiger Ton
2, 1	Treppe	14	ab 5 Ideen – 3 Punkte	dritte Doppelfigur korrekt	geschafft	richtiger Ton
Reihen fortsetzen	**Wortbedeutung**	**Gedankliches Zusammensetzen**	**Sprachkreativität**	**Labyrinth**	**Kraft und Ausdauer**	**Tonhöhe verändern**
Dreieck	alt/jung	1, 2, 4, 5	4-6 Wörter – 1 Punkt	erstes Labyrinth geschafft	7-13 Kniebeugen – 1 Punkt	geschafft
Sonne rechts oben, ganz zu sehen	gelassen/zornig	1, 3, 4, 6	7-9 Wörter – 2 Punkte	zweites Labyrinth geschafft	14-20 Kniebeugen – 2 Punkte	geschafft
Kreis ohne Linie	schnell/langsam	1, 3, 4, 6	ab 10 Wörtern – 3 Punkte	drittes Labyrinth geschafft	ab 21 Kniebeugen – 3 Punkte	geschafft

Logisches Denken	Sprachliche Fähigkeiten	Räumliches Vorstellungsvermögen	Kreativität	Praktische Begabung	Sportlichkeit und Körperkoordination	Musikalität
Was passt am besten zusammen?	**Lebendiger Wortschatz 1**	**Ergänze die fehlende Figur**	**Lebensrettende Kreativität**	**Fingerübungen**	**Körperkoordination**	**Mitsingen**
1, 3	TÜR ROT	4	5-9 Ideen – 1 Punkt	15 oder mehr	1-4 Wiederholungen – 1 Punkt	1 Musikstück – 1 Punkt
2, 3	HAARE REGEN	3	10-14 Ideen – 2 Punkte	5 oder mehr	5-8 Wiederholungen – 2 Punkte	2 Musikstücke – 2 Punkte
2, 4	TIGER GERNE	2	ab 15 Ideen – 3 Punkte	3 oder mehr	ab 9 Wiederholungen – 3 Punkte	3 Musikstücke – 3 Punkte
Regel erkennen	**Lebendiger Wortschatz 2**	**Abwicklungen**	**Nützliche Kreativität**	**Figuren ausschneiden**	**Ausdauer, Sprungkraft**	**Rhythmus**
4	Hand, Land, Sand	2	2-3 Ideen – 1 Punkt	Kreis korrekt	mehr als 20 Sprünge – 1 Punkt	1 Musikstück – 1 Punkt
2	Wille, Stille, Brille	3	4-5 Ideen – 2 Punkte	Rechteck korrekt	mehr als 35 Sprünge – 2 Punkte	2 Musikstücke – 2 Punkte
3	Vase, Nase, Hase	3	ab 6 Ideen – 3 Punkte	Dreieck korrekt	mehr als 50 Sprünge – 3 Punkte	3 Musikstücke – 3 Punkte

Auswertungstabelle

Punktzahl → / Alter ↓	1	2	3	4	5	6	7	8	9	10	11	12	13	14	15
6 Jahre	1	2	3	4	5	6	7	8	9						
7 Jahre		1	2	3	4	5	6	7	8	9					
8 Jahre			1	2	3	4	5	6	7	8	9				
9 Jahre				1	2	3	4	5	6	7	8	9			
10 Jahre					1	2	3	4	5	6	7	8	9		
11 Jahre						1	2	3	4	5	6	7	8	9	
12 Jahre							1	2	3	4	5	6	7	8	9

unterdurchschnittlich ▮   durchschnittlich ▮   überdurchschnittlich ▮

Was heißt durchschnittlich, überdurchschnittlich und unterdurchschnittlich begabt?

Alle Begabungen sind in der Gesamtbevölkerung normal verteilt. Man kann sich diese Verteilung als Glockenkurve vorstellen, die in der Mitte am höchsten ist und zu den Rändern hin gegen null ausläuft. In der Mitte sind ca. zwei Drittel (68 %) durchschnittlich Begabte versammelt, am linken Rand ca. 16 % unterdurchschnittlich Begabte, am rechten Rand die überdurchschnittlich Begabten (16 %). Die obersten 2 % von ihnen werden auch als Hochbegabte bezeichnet. Es ist völlig normal, dass jemand nicht in allen Bereichen überdurchschnittlich ist, ebenso, dass jemand in einigen Bereichen durchfällt. In der Regel ist unser Begabungsprofil sehr abwechslungsreich und jeder/jede kann sich auf die Suche nach „seinen" oder „ihren" Begabungen machen.

Stufen 1 und 2: unterdurchschnittlich begabt

Ihr Kind liegt bei diesem Begabungsfeld im unteren Bereich, was darauf hinweist, dass dies nicht unbedingt seine stärkste Seite ist. Wir vermuten, dass ihm die Lösung der Aufgaben weder besonders leicht fiel noch es sonderlich mit Begeisterung erfüllt hat. Macht nichts! Wir Menschen zeichnen uns durch viele unterschiedliche, unabhängige Begabungen aus.

Die Anlagen, also das, was wir uns in diesem Test anschauen, sind zwar ungefähr zur Hälfte an unserer Entwicklung, unseren Leistungen, Erfolgen und Misserfolgen beteiligt. Das heißt aber auch, dass selbst wenn die Begabungsschwerpunkte Ihres Kindes nicht in diesem Bereich liegen, noch längst nicht alles verloren ist. Die andere Hälfte wird nämlich von den so genannten Umwelteinflüssen bestimmt, also Lehrern, Eltern, Freunden, Vorbildern aus Musik, Sport und Kino, aber auch Klassenklima, Lernumgebung, Infrastruktur, Einkommens- und Bildungsschicht usw.

Wenn Ihrem Kind etwas wirklich Spaß macht, kann es mit der richtigen Unterstützung, Fleiß und Ausdauer auch ohne besonderes Talent Erfolge erzielen. Es wird allerdings etwas mehr Beharrlichkeit erfordern. Vielleicht sieht Ihr Kind aber gerade das als besondere Herausforderung an.

Stufen 3 bis 7: durchschnittlich begabt

Ihr Kind liegt bei diesem Begabungsbereich im Mittelfeld. Hier befinden sich die meisten von uns – knapp 70 % – mit ihren Leistungen. Es könnte sich hier später durchaus für einen Beruf entscheiden. Allerdings sucht man gewöhnlich nicht nach Gebieten, in denen man durchschnittlich ist, sondern nach besonderen Talenten. Unserer mehrjährigen Erfahrung nach gibt es so etwas bei nahezu allen Menschen. Ihr Kind hat hier zwar schon einmal eine

Begabung, mit der es im soliden Mittelfeld liegt, aber vielleicht gibt es auch bei Ihrem Kind ein besonders ausgeprägtes Talent.

Selbstverständlich – und das möchten wir ganz besonders betonen – kann man sich auch an Beschäftigungen erfreuen, für die man nicht schwarz auf weiß eine Bestätigung über eine besondere Begabung erhalten hat. Nahezu jeder Mensch, der mit seinen Begabungen zwischen Stufe 3 und 7 liegt, kann erfolgreich in einem Chor singen, sportliche Leistungen erbringen, originelle Ideen produzieren, kann sich, auch beruflich, mit Literatur, Philosophie und Wissenschaft beschäftigen. Darum geht es jedoch nicht, wenn wir nach besonderen Talenten suchen (Stufe 8 und 9). Sie ermöglichen noch viel mehr. Ihre Entdeckung und Förderung kann die spätere erfolgreiche Berufslaufbahn vorbereiten, kann hohe gesellschaftliche und finanzielle Anerkennung bringen oder einfach die Erfüllung eines außergewöhnlichen Lebens werden.

Stufen 8 und 9: Überdurchschnittlich begabt

Ihr Kind hat die meisten oder sogar alle Aufgaben richtig gelöst. Wenn dies ohne fremde Hilfe und in der vorgegebenen Zeit geschehen ist, liegt es in diesem Begabungsfeld gegenüber seinen Altersgenossen im überdurchschnittlichen Bereich. Das bedeutet, dass es in diesem Gebiet sowohl schneller und leichter lernt, als auch, dass es hier am meisten erreichen kann – und später vielleicht sogar einen Beruf daraus machen kann. Wenn Ihr Kind Lust hat, sollte es sich mit seinem Talent beschäftigen, es ausbauen, seine Fähigkeiten trainieren. Es fällt ihm auf diesem Gebiet leichter als vielen anderen und es kann mehr erreichen. Es ist ein bisschen wie bei einem Schatz, den man gefunden hat, und nun muss man ihn ausbuddeln, heben und vermehren.

Mein Begabungsprofil

Name: _____   **Alter:** _____

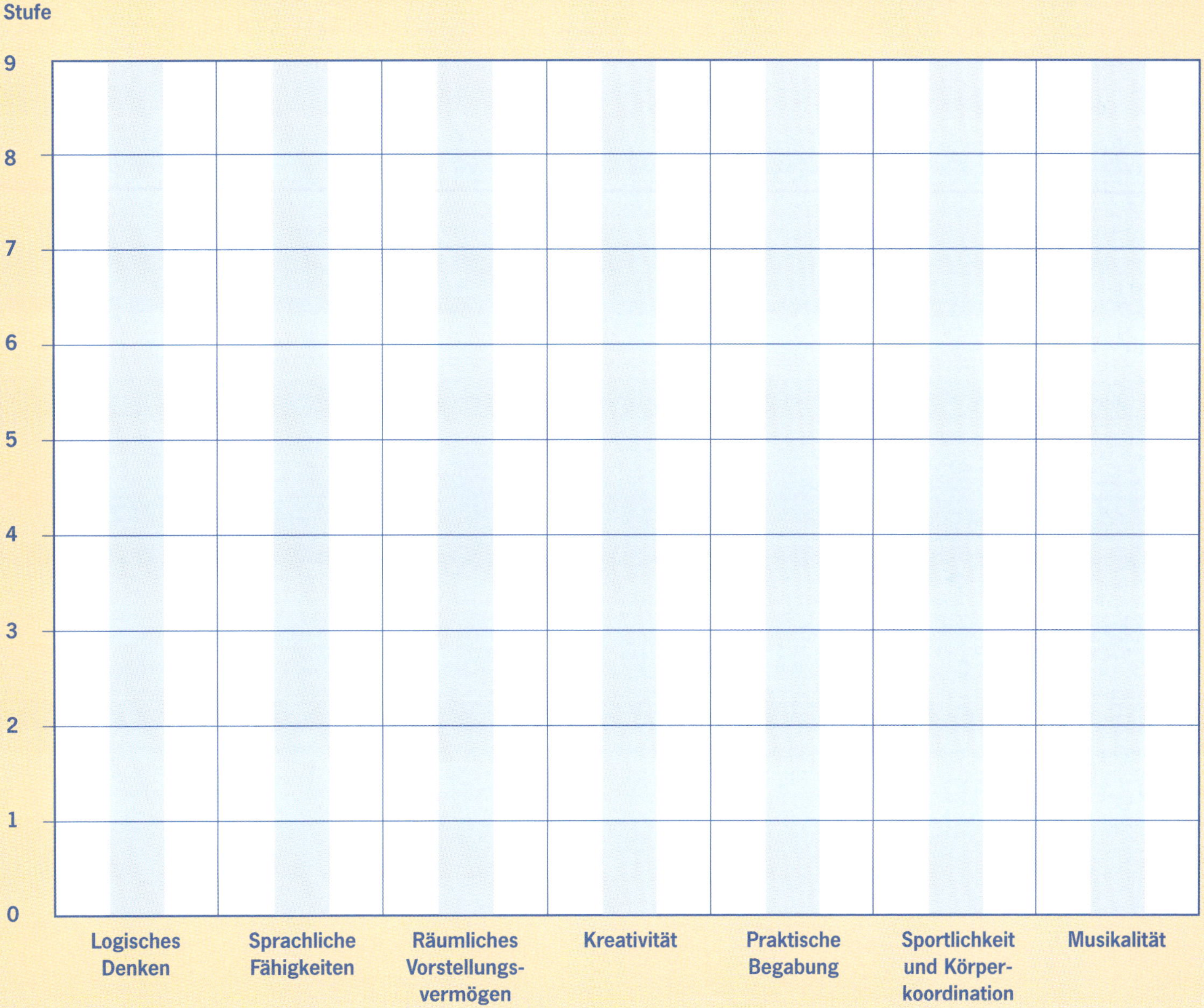

Stufe

9
8
7
6
5
4
3
2
1
0

Logisches Denken | Sprachliche Fähigkeiten | Räumliches Vorstellungsvermögen | Kreativität | Praktische Begabung | Sportlichkeit und Körperkoordination | Musikalität

erstellt am: _____

Fördertipps

Was können Eltern tun, um die Talente ihres Kindes mit besten Kräften zu unterstützen und zu fördern?

Respekt, Wärme, Liebe, Geborgenheit sind die wichtigsten Voraussetzungen dafür, dass Kinder ihre Talente und Begabungen verwirklichen und entfalten können.

Darüber hinaus ist es wichtig, dass Sie sich als Eltern darüber im Klaren sind, dass es bei der Talentförderung um die Fähigkeiten und Interessen Ihres Kindes geht – und nicht um Ihre eigenen ehrgeizigen Ziele. Verständnisvolles, aber konsequentes Lenken und Leiten sind dennoch unverzichtbar.

Neben der aufmerksamen Beobachtung hilft eine gewissenhafte Begabungsanalyse, Ihr Kind in seiner ganzen Vielfalt und Einzigartigkeit zu verstehen. Wenn Sie die Begabungen Ihres Kindes kennen, dann haben Sie auch die Möglichkeit, es bei der Entwicklung und Entfaltung dieser Talente zu unterstützen.

Bevor Sie die konkreten Fördertipps lesen, hier noch einige allgemeine Grundsätze:

- Ermutigen Sie Ihr Kind, seine Interessen und Stärken zu entdecken und zu verfolgen.

- Ermuntern Sie es dazu, dies mit Selbstbewusstsein und selbstständig zu tun. Das Vertrauen in die eigenen Fähigkeiten ist eine wichtige Voraussetzung für gute Leistungen.

- Stellen Sie realistische Erwartungen und Anforderungen, die Ihr Kind anspornen. Stecken Sie die Ziele nicht zu hoch, damit es nicht den Mut verliert, aber auch nicht zu niedrig, weil es sich sonst nicht ernst genommen fühlt.

- Vermeiden Sie möglichst alles, was die Motivation Ihres Kindes ersticken, seine Begeisterung und Kreativität unterdrücken und hemmen könnte. Permanentes Unterbrechen und Nörgeln, Ablehnung und Strafen, vor allem auch das Verbot von Dingen, die das Kind besonders gerne und gut tut, trüben die Freude und die Lust an einer Tätigkeit.

- Lob und Belohnung sind wichtig. Ein Kind braucht Zustimmung und Anerkennung für seine Erfolge, Leistungen und Fortschritte, aber nur, wenn sie auch wirklich gerechtfertigt sind.

- Auch Kritik muss gelegentlich sein. Achten Sie darauf, dass sie konstruktiv ist.

- Kinder spielen gerne mit anderen Kindern. Jedes Kind sollte dennoch auch die Gelegenheit haben, sich alleine konzentriert beschäftigen zu können. Versuchen Sie, es dann nicht zu unterbrechen oder zu stören.

- Planen Sie Aktivitäten, die den Interessen Ihres Kindes nachkommen.

Und noch etwas:

Die Eltern sind das große Vorbild für ihre Kinder. Es ist für Kinder ganz wichtig zu erleben, dass ihre Eltern sich begeistern können, dass auch die Eltern ihren Interessen und Neigungen nachgehen und ihre eigenen Fähigkeiten einsetzen. Lassen Sie Ihr Kind auch an Ihrem Leben teilhaben!

Bei den folgenden Fördertipps finden Sie auch Hinweise auf Schülerwettbewerbe und Ferienprojekte, sprechen Sie mit engagierten Lehrern Ihrer Schule, Sie können Ihnen sicherlich weiterhelfen oder schauen Sie auf unsere Adressenliste ab Seite 126.

1. BEGABUNGSFELD
Logisches Denken

Gezielt fördern im Alltag

Logisches, mathematisches Denken ist nicht nur selbstverständlicher Bestandteil des Schulunterrichts, sondern begleitet uns auch im Alltag. Wenn Sie das logische Denken Ihres Kindes fördern wollen, ist es wichtig, dass es plant, experimentiert, bewusst nachdenkt und die richtigen Schlüsse zieht.

Hier ein paar Beispiele, wie Sie ohne großen Aufwand täglich das logische Denken Ihres Kindes fördern können:

Einkaufen

Untersuchungen zeigen, dass Familien, die genaue Einkaufslisten schreiben, bis zu 25 % gegenüber Spontankäufern sparen. Sie können die Möglichkeit nutzen, Ihrem Kind einmal pro Woche das Einkaufen zu übertragen. Am Anfang steht ein geplantes Mittagsgericht: Ihr Kind bekommt einen von Ihnen festgesetzten Betrag und darf nun Zutaten einkaufen bezogen auf die Anzahl der Familienmitglieder. Reicht das Geld nicht, muss eine Zutat reduziert oder billiger eingekauft werden. Bleibt etwas übrig, gibt es vielleicht noch einen Nachtisch.

Spiele

Spielen Sie gerne? Einige Spiele wie Schach, Mühle, Dame oder MasterMind fördern und trainieren das logische Denken und das Gedächtnis sehr gut. Führen Sie doch einen wöchentlichen Spieleabend ein. Einmal ein Schachturnier, einmal ein Mühleturnier usw.

Die Frage der Woche

Die Naturwissenschaften bieten eine unerschöpfliche Quelle an interessanten Themen und Fragen. Stellen Sie einmal pro Woche eine naturwissenschaftliche Frage, die Ihr Kind beantworten darf.

Hier ein paar zum Einstieg: Warum gibt es einen Regenbogen? Warum wird der Ton tiefer, wenn ein Krankenwagen an uns vorbeirauscht? Was ist eine Schallmauer? Warum scheinen manche Sterne zu blinken? Wohin zeigt ein Lot und warum? Wie erklärst du dir, dass es viele ähnliche antike Pyramiden über die ganze Welt verteilt gibt, obwohl die Erbauer weit voneinander entfernt waren?

Ihr Kind darf auch im Internet nach Lösungen suchen. Und wenn Sie selbst nach Fragestellungen suchen: Es gibt sehr viele gut gemachte Bücher und Nachschlagewerke, die Ihnen Hilfestellung und Anschauungsmaterial bieten.

Fernsehen

Das Fernsehen bietet gerade auch für naturwissenschaftlich-mathematisch interessierte Kinder eine Reihe von anregenden Sendungen. Unter http://www.flimmo.de finden Sie sehr detaillierte Informationen über Fernsehsendungen für Kinder zwischen 3 und 13 Jahren mit einer Fülle von Orientierungshilfen zum aktuellen Fernsehprogramm und medienpädagogischem Know-how rund ums Fernsehen.

Logik-Trainer

Probieren Sie den PM-Logik-Trainer, erhältlich in jeder Buchhandlung und an den meisten Zeitungsständen. Er erscheint regelmäßig und ist angefüllt mit witzigen und raffinierten Logikaufgaben. Wenn Sie Ihr Kind dafür begeistern können, befindet es sich geradezu im „Kraftraum für die grauen Zellen".

Gezielte externe Förderung

Zur gezielten Förderung des logischen Denkens stehen viele Möglichkeiten zur Verfügung.

Hier einige Beispiele:

- Computerkurse: Hardware, Programmieren, Animationen, Computergrafik, Internetnutzung, Webdesign

- Naturwissenschaftliche Schulprojekte, Kurse, Arbeitsgemeinschaften. Prüfen Sie die Angebote an der Schule Ihres Kindes.

- Ferienprojekte mit naturwissenschaftlicher Ausrichtung

- Schülerwettbewerbe Mathematik, Physik, Informatik

Adressen und Anregungen finden Sie ab Seite 126.

2. BEGABUNGSFELD
Sprachliche Fähigkeiten

Gezielt fördern im Alltag

Hier ein paar Beispiele, wie Sie die sprachlichen Fertigkeiten Ihres Kindes fördern und entwickeln helfen können. Vier Dinge sind dabei wichtig: Hören, Lesen, Sprechen und Schreiben.

Miteinander reden

Das Allerwichtigste überhaupt ist die Kommunikation mit Ihrem Kind: Stellen Sie Fragen: Wie war es in der Schule? Was hast du heute erlebt? Worum ging es in dem Film, den du heute gesehen hast? Wie hat dir das Referat deines Klassenkameraden gefallen?

Regen Sie immer wieder das Gespräch mit Ihrem Kind an, hören Sie zu und antworten Sie. So einfach das klingt. Das ist die wichtigste Förderung, die Sie Ihrem Kind geben können.

Vorlesen, miteinander lesen

Wie schön ist es, abends im Bett zu liegen und zuhören zu dürfen, auch wenn man eigentlich schon längst selbst lesen kann. Die Fantasie hat freien Lauf, die Wörter und Sätze prägen sich ein, weil sie keine Konkurrenz mehr haben – weder durch das Fernsehen, noch durch Hausaufgaben oder andere Aktivitäten. Diese Zeit ist nur für die Sprache, den Klang der Worte und die Vorstellungskraft bestimmt.

Lesen

Lesen dient nicht nur der Wissensvermittlung, sondern trägt in hohem Maße zur Entwicklung der Persönlichkeit bei. Es öffnet das Tor zur Welt.

Es gibt viele Wege, Kinder zum Lesen zu führen. Für die einen schließt sich das eigenständige Lesen gleich an die Bettlektüre an, für andere geht der Weg über das Comic-Heft, auch Buchtipps und Geschenke können stimulieren. Nicht alle Kinder haben Freude an Romanen und Abenteuergeschichten, vielleicht findet Ihr Kind seinen Weg zur Literatur auch über ein Sachbuch.

Anregungen und Hinweise finden Sie natürlich in jeder Stadtbibliothek oder auch im Internet unter http://www.buchkatalog.de/ in der Rubrik Hits für Kids oder auf den Webseiten für Kinder vieler Radio- und Fernsehprogramme.

Theater spielen

Alle Kinder haben Freude am Kasperletheater, an Rollenspielen, am Verkleiden. Unterstützen Sie diese Aktivitäten. Suchen Sie nach Freunden, die auch Spaß daran haben. Vielleicht entwickelt sich daraus eine kleine Theatergruppe oder später einmal die Teilnahme an der Theatergruppe der Schule.

Schreiben

Fordern Sie Ihr Kind immer wieder auf, Briefe oder E-Mails zu schreiben – zu allen sich bietenden Anlässen: zum Geburtstag, aus dem Urlaub, um sich zu bedanken, um seine Freude oder auch seine Probleme mitzuteilen.

Radio- und Fernsehaufzeichnungen

Und vielleicht findet Ihr Kind auch Freude daran, mithilfe von Mikrofon und Kassettenrekorder oder Ihrer Kamera kleine Radiosendungen, Interviews, Reportagen oder Werbespots aufzuzeichnen.

Wort- und Sprachspiele

Kinder lieben solche Spiele. Sie fördern ihre Freude an der Sprache, am Klang der Sprache, sie helfen beim Aufbau des Wortschatzes, sie lassen sich ohne große Mühe an jedem Ort und zu jeder Zeit spielen. Viele Anregungen finden Sie im Internet unter:

http://www.geocities.com/torschulz/liste.htm und
http://www.labbe.de/ideenbank/wortkuenstler/sprach.htm

Theater, Kino, Lesungen

Nehmen sie jede Gelegenheit wahr, Ihr Kind an Themen und Stücke heranzuführen, die ihm neue Vorstellungswelten und Sichtweisen vermitteln und die nicht unbedingt der momentanen Mode entsprechen müssen.

Fremdsprachen

Schon im Vorschulalter haben Kinder Freude an Fremdsprachen. Vielleicht finden Sie eine englischsprachige Mutter, die mit einer kleinen Gruppe von Kindern Lieder singt, erste kleine Unterhaltungen führt. Später können Sie Ihre Kinder unterstützen, indem sie fremdsprachige Videos der Lieblingsfilme ausleihen, fremdsprachige Kindersendungen aufzeichnen, Austauschschüler bei sich aufnehmen oder einen Austausch mit einer ausländischen Partnerschule organisieren.

Gezielte externe Förderung

Zur gezielten Förderung der sprachlichen Fähigkeiten können Sie folgende Möglichkeiten nutzen:

Hier einige Beispiele:

- Teilnahme an Lese- und Schreibwettbewerben
- Regelmäßige Bibliotheksbesuche. Es ist wichtig, dass Bücher und Bibliotheken schon in jungen Jahren zu einem vertrauten Teil des Lebens werden. Ermutigen Sie Ihr Kind auch, sich zu Hause eine eigene kleine Bibliothek aufzubauen.
- Ferienprojekte mit Schwerpunkt Sprache/Literatur/Dichtkunst
- Fremdsprachenkurse für Kinder

3. BEGABUNGSFELD
Räumliches Vorstellungsvermögen

Gezielt fördern im Alltag

Wer ein gutes räumliches Vorstellungsvermögen besitzt, verfügt in der Regel über einen ausgezeichneten Orientierungssinn, verfährt oder verläuft sich selten, ist gut im Modellbauen, im Zeichnen dreidimensionaler Gegenstände, im Reparieren technischer Geräte, im Einrichten von Innenräumen und Planen von Häusern.

Hier ein paar Beispiele, wie Sie täglich ohne großen Aufwand das räumliche Vorstellungsvermögen Ihres Kindes fördern können:

Navigator
Hier geht es um den Orientierungssinn. Lassen Sie die nächste größere Autofahrt von Ihrem Kind mit dem Atlas planen und es auch während der Fahrt navigieren. Landkartenlesen fördert das räumliche Vorstellungsvermögen.

Die Frage der Woche
Stellen Sie einmal pro Woche eine Frage zu Architektur, Optik, Astronomie oder Geografie, die Ihr Kind beantworten darf. Hier ein paar zum Einstieg: Warum laufen Eisenbahnschienen scheinbar zusammen, je weiter man in die Ferne blickt? Ist das Weltall unendlich oder nicht? Wenn nicht, wie sieht das Ende aus und was kommt dahinter? Versuche, dir vorzustellen, dass du der erste Mensch bist, der eine Landkarte zeichnet. Wie stellst du das an?

Entfernungen schätzen
Stellen Sie Ihrem Kind die Aufgabe, Entfernungen zu schätzen, zum Beispiel von zu Hause bis zur Schule, von einem Haus zum nächsten, von einem Baum zum anderen oder auch von der Tischkante bis zur Stuhllehne oder zum Fenster. Machen Sie ein Spiel daraus, die geschätzten Entfernungen mit dem Lineal, dem Zollstock oder eventuell auch mit dem Autotacho zu überprüfen.

Kochen
Nun kommt das Kochen. Es gibt Lasagne. Da es hier um das räumliche Vorstellungsvermögen geht, gilt das primäre Interesse leider nicht dem Essen, sondern der Vorstellung von Menge, Gewicht und Volumen. Nach Zutatenliste und Rezept muss nun abgemessen, gewogen und vorbereitet werden. Wie viel Butter, Milch, Hackfleisch, Zwiebeln, Tomaten brauche ich für die ganze Familie? Ist die Lasagne im Ofen, muss die Zeit überwacht werden. Hat Ihr Kind etwas vergessen? Unter Ihrer Anleitung bestimmt nicht. Guten Appetit!

Stadt- und Gartenplanung

Planen Sie mit Ihrem Kind einen Stadtteil oder/und einen Garten. Hier kann gezeichnet oder gebastelt, mit Lego-Steinen oder Bauklötzen gebaut werden. Räumliches Vorstellungsvermögen ist dabei sehr wichtig, zum Beispiel beim Vorausplanen von Baumgrößen, beim Schattenwurf von Gebäuden und bei der Vorstellung, wie der Garten oder der Stadtteil dann von den Bewohnern wirklich gesehen wird. Es geht um Proportionen und Perspektiven.

Technisches Zeichnen

Versuchen Sie, Elemente des technischen Zeichnens spielerisch in die normalen Zeichen- und Malstunden Ihres Kindes einzubauen: einen Würfel dreidimensional zeichnen, später dann ein Haus und komplexere Gebilde. Zeigen Sie, dass ein Haus, dessen Flächen parallel sind, sich für den Betrachter nach hinten verjüngt und dass sich auch das gesamte Blickfeld des Betrachters von einem Punkt am Horizont aus konstruieren lässt. Die Ergebnisse auf dem Papier sind verblüffend.

Bauen, bauen, bauen

Auf natürliche Weise und ohne besondere Vorgaben lässt sich das räumliche Vorstellungsvermögen beim Bauen mit verschiedenen Materialien schulen. Regen Sie an, verschiedenste Gebäude und Geräte zu bauen, wie zum Beispiel Schiffe und Flugzeuge, Hochhäuser und Wohnblocks. Der Fantasie sind dabei keine Grenzen gesetzt. Benutzt werden sollten die unterschiedlichsten Materialien wie Holzklötze, Lego-Steine, Bausätze, aber auch Sand, Pappmaschee, Gips oder andere Baumaterialien.

Computer

Auch der Computer bietet vielfältige Möglichkeiten, das räumliche Vorstellungsvermögen herauszufordern. Ausgewählte 3D-Spiele und -Programme zeigen teilweise fantastische Raumwelten, aber auch Routenplaner und Satellitenaufnahmen können, mit bestimmten Aufgaben verbunden, räumliches Vorstellungsvermögen trainieren.

Sternwarte

Haben Sie eine Sternwarte in der Nähe? Besuchen Sie sie und erfahren Sie Neues und Ungeahntes über das Weltall, seinen Ursprung, seine Dimensionen.

4. BEGABUNGSFELD
Kreativität

Gezielt fördern im Alltag

Kreativität kann sich im Malen, Schreiben, Tanzen, Sprechen, Schauspielern, Bauen oder Spielen ausdrücken. Ermutigen Sie Ihr Kind, seine Ideen auf verschiedene Arten auszudrücken und respektieren Sie, wie Ihr Kind dies tut.

Außerdem braucht jedes Kind Raum und unverplante Zeit, um seine Ideen umzusetzen.

Hier ein paar Beispiele, wie Sie die Kreativität Ihres Kindes zusätzlich fördern können:

Spielen

Im Spielen entwickeln Kinder ihre Fähigkeit zu entdecken und zu gestalten. Alleine und mit anderen Kindern zusammen sollten sie die Möglichkeit haben, möglichst ungehindert ihren Spieltrieb, der der Motor der Kreativität ist, auszuleben.

Langeweile

Kinder brauchen Langeweile! Denn nur aus dieser Langeweile heraus haben sie die Möglichkeit, ihre eigenen Fantasien zu entwickeln und zu verwirklichen. Verplante Kinder haben wenige Möglichkeiten, ihr Kreativitätspotenzial auszuschöpfen.

Innenarchitektur

Wie würde Ihr Kind Ihr Haus oder Ihre Wohnung gestalten? Bitten Sie es, einen Plan zu erstellen, möglichst mit exakten Zeichnungen, und Ihnen die Beweggründe und Funktionen zu erklären. Vielleicht sind einige der Ideen so überzeugend, dass Sie sie sofort umsetzen?

Lösungen finden

Ihr Kind darf sich ein Quadrat, Seitenlänge beliebig, vorstellen. Wie oft kann man dieses Quadrat in vier exakt gleiche Teile teilen? Sie dürfen natürlich mitraten. Lassen Sie Ihr Kind eine Weile ausprobieren und nachdenken, bevor Sie ihm sagen, dass es unendlich viele Möglichkeiten gibt.

So ist es auch mit vielen anderen Dingen. Wie man zu Lösungen von Mathematikaufgaben kommt oder von einem Ort zum anderen, wie man einen Garten anlegt oder die Wohnung einrichtet, wie man eine Landschaft malt oder sich anzieht: Für all das gibt es oft viel mehr Möglichkeiten als wir denken. Fragen Sie Ihr Kind nach seinen Vorstellungen und beziehen Sie es mit ein. Das fördert kontinuierlich das kreative Denken.

Geschenk

Ein besonderer Anlass steht vor der Tür, zum Beispiel Weihnachten oder ein Geburtstag. Ein Geschenk muss her! Leider ist das ganze Taschengeld schon aufgebraucht. Was tun? Lassen Sie Ihr Kind überlegen, was man alles schenken kann, ohne Geld auszugeben. Sie werden überrascht sein, wie viele Möglichkeiten es gibt.

Foto- oder Filmdokumentation

Beauftragen Sie Ihr Kind, mit Fotos oder Video eine Geschichte darzustellen, zum Beispiel mit dem Titel: „Ein Tag in meinem Leben". Dazu braucht man viel Kreativität. Eine Geschichte planen, sich Einstellungen ausdenken, witzige Kommentare erfinden. Wer weiß, vielleicht wird daraus eine ganze Familiengeschichte?

Künstler

Lassen Sie Ihr Kind die Familienmitglieder als Tiere darstellen! Bei dieser Aufgabe ist Kreativität gefragt. Wie sieht Ihr Kind Ihre Familie und sich selbst als Tiere und wie setzt es diese Vorstellung um? Sind es bestimmte Tiere oder Kreuzungen aus mehreren verschiedenen? Am leichtesten lassen sich diese Ideen mit Stiften und Farbe zu Papier bringen, kunstvoller wird es mit Ton oder Knetmasse oder im Winter mit Schnee.

Bauen

Besonders viel Kreativität entwickelt sich in der Natur. Gehen Sie raus mit Ihrem Kind und lassen Sie es die vielen Materialien, Ausblicke und Düfte bewusst erleben und wahrnehmen. Zweige, Äste, Moos, Blumen, Gras, Steine und Wasser eignen sich wunderbar als Baumaterialien. Kinder haben meist sofort Ideen, was sie bauen wollen: Ein Baumhaus, eine Hütte aus Ästen auf dem Waldboden, Pfeil und Bogen, ein Windrad, ein Wasserrad, eine Burg aus Steinen und vieles mehr.

5. BEGABUNGSFELD
Praktische Begabung

Gezielt fördern im Alltag

Eine oft zu Unrecht unterschätzte Fähigkeit ist das handwerkliche Geschick, das auch für viele akademische Berufe wichtig ist. Ob Chirurg oder Zahntechniker, ob Schneider, Tischler oder Krankenschwester, sie alle brauchen feinmotorisches Geschick.

Hier ein paar Tipps, wie Sie die feinmotorischen Fähigkeiten Ihres Kindes fördern können:

Alltägliches
Die täglichen Handgriffe im und um das Haus fordern und fördern praktische Fähigkeiten. Lassen Sie Ihr Kind teilhaben am Kochen, Bügeln, Waschen, Plätzchen ausstechen, Teig kneten, Auto polieren, Scharniere ölen, Pflanzen aussetzen, Unkraut jäten, Knopf annähen, Batterien auswechseln, Teigtaschen füllen und Löcher zugipsen. Sicher fallen Ihnen noch viele weitere Tätigkeiten ein.

Reparieren
Versuchen Sie, Ihr Kind einzubinden, wenn Reparaturen anfallen, zum Beispiel am Fahrrad, am Walkman oder an einer Küchenmaschine. Lassen Sie es selbst schrauben, biegen, stecken und kleben. Auch Strümpfestopfen will gelernt sein.

Umgang mit Werkzeug
Der Mensch lernt ein Leben lang, aber Kinder lernen am besten und schnellsten. Üben Sie deshalb auch den Umgang mit Hammer, Säge, Zange und Feile mit Ihrem Kind. Später wird es wie selbstverständlich damit umgehen. Besitzt es obendrein Talent, kann sich daraus ein erfolgreicher Beruf entwickeln. Suchen Sie sich am besten ein bestimmtes Projekt, zum Beispiel einen Drachen, ein Möbelstück, eine Dart-Scheibe oder einen Flipper, und realisieren Sie es zusammen mit Ihrem Kind.

Basteln
Beim Basteln sind die Möglichkeiten schier unbegrenzt: Puppen, Figuren, Landschaften, Städte, Geschirr, Dosen, Bilderrahmen, Schmuckstücke, Windlichter, Leuchter, Weihnachtsdekorationen – die Themen und Materialien sind unerschöpflich.

Bildhauer

Geben Sie bei Ihrem Kind eine Skulptur in Auftrag. Sie könnte aus einem Material gefertigt werden, das längere Zeit hält, denn die Skulptur wird einen Ehrenplatz in der Wohnung oder im Garten bekommen. Nun kann entweder mit Ton gearbeitet werden oder aber mit Holz, Ytong oder Stein. Unterschiedliche Werkzeuge werden dazu gebraucht.

Raumstation

Bauen Sie mit Ihrem Kind zusammen die erste Marskolonie. Was wird dazu gebraucht? Lesen Sie gemeinsam über den Mars. Die Raumstation beginnt natürlich in einer großen Kiste mit rotem Sand. Aber wie sehen die Gebäude aus? Wie die Fahrzeuge und die Raumtransporter? Was tragen die Menschen? Gibt es einen Mars-Tennisplatz (roter Sand!)? Welches Material eignet sich am besten? Wird geklebt oder geschraubt?

6. BEGABUNGSFELD
Sportlichkeit und Körperkoordination

Gezielt fördern im Alltag

Sport hat viele Funktionen. Er dient der Aufrechterhaltung der Gesundheit, ist eine Möglichkeit der Freizeitgestaltung, bietet die Gelegenheit zu sozialen Kontakten, er ermöglicht das soziale Lernen in einer Gruppe und gibt auch die Möglichkeit, bis an die Grenzen seiner Leistungsfähigkeit zu wachsen. Man unterscheidet zwischen Gesundheits-, Breiten-, Leistungs- und Hochleistungssport.

Je nach Zielsetzung gibt es sehr viele unterschiedliche Möglichkeiten, sich sportlich zu betätigen – angefangen von bestimmten Bewegungsabläufen und Betätigungen im Alltag bis hin zum olympischen Wettkampf.

Hier zunächst einige Beispiele, wie Sie die körperliche Entwicklung und sportliche Förderung in den Alltag integrieren können:

Rolltreppen und Aufzüge

Vermeiden Sie Rolltreppen und Aufzüge. Im Laufe eines Jahres kommt damit ein enormes Lauf- und Kletterpensum zusammen. Sie trainieren damit Kraft und Ausdauer.

Starker Fuß

Obwohl nahezu alle Babys gesunde Füße haben, stellen Mediziner bereits bei jedem dritten Schulkind Fußprobleme fest. Beim Fuß ist das reibungslose Zusammenspiel von elastischen Bändern, starker Muskulatur und Gelenken entscheidend. Lassen Sie Ihr Kind deshalb barfuß laufen, am besten über „Stock und Stein". Hierbei wird der Fuß gut trainiert, wird stark und elastisch. Außerdem erfolgt beim Barfußlaufen automatisch das richtige Abrollen der Füße.

Fortbewegung

Fördern Sie bei Ihrem Kind Körper betonte Fortbewegungsmittel wie Radfahren, Skateboardfahren oder Inlineskaten. Überlegen Sie, besonders bei schönem Wetter, ob auf Autofahrten nicht verzichtet werden kann.

Raus ins Grüne

Sorgen Sie mindestens zwei- bis dreimal pro Woche dafür, dass der Nachmittag nicht vor dem Fernseher oder Computer verbracht wird, sondern draußen bei Fußball, Federball, Skaten oder einer anderen Sportart. Wichtig für die Kondition ist dabei, dass richtig geschwitzt wird. Nutzen Sie mit Ihrem Kind auch zusammen die Möglichkeiten öffentlicher Parks und Anlagen: Klettergerüst, Kletterwände, Halfpipes, Bolzplätze, Tischtennisplatten oder Trimm-Dich-Pfade.

Gezielte externe Förderung

Gerade Deutschland verfügt über eines der dichtesten und am besten organisierten Sportvereinsnetze. Nutzen Sie diese und andere Möglichkeiten, sowohl zur Talentsichtung als auch zur Förderung.

Freundschaften

Unterstützen Sie Freundschaften zu sportlich aktiven Gleichaltrigen, mit denen Ihr Kind sich messen kann. Das Eingebundensein in Teams und Clubs garantiert am ehesten regelmäßiges Training.

Sportverein

Fragen Sie in Sportvereinen nach Sichtungsterminen für die verschiedenen Sportarten, nach vorhandenen Übungsleitern, Kursangeboten und sonstigen Fördermöglichkeiten.

Sportabzeichen

Lassen Sie Ihr Kind verschiedene Sportabzeichen machen. Es gibt sie im Turnen, in der Leichtathletik, im Schwimmen und vielen anderen Sportarten. Das erfolgreiche Erringen eines solchen Abzeichens ist immer Motivation und schafft Kontakt zu Gleichgesinnten.

Sportveranstaltungen

Besuchen Sie mit Ihrem Kind Sportveranstaltungen. Es müssen nicht immer die absoluten Highlights der Sportszene sein, aber es sollten auch Veranstaltungen dabei sein, bei denen Ihr Kind echte Profis bewundern kann und von Begeisterung erfasst wird. Kaum etwas motiviert so sehr wie ein leuchtendes Vorbild.

7. BEGABUNGSFELD
Musikalität

Gezielt fördern im Alltag

Wenn Sie die musikalischen Fähigkeiten Ihres Kindes fördern möchten, dann sind zwei Dinge wichtig: Hören, hören, hören und musizieren, musizieren, musizieren.

Hier ein paar Beispiele, wie das aussehen kann:

Happy Birthday

Wählen Sie ein bekanntes Lied, zum Beispiel „Happy Birthday to you". Ihr Kind darf nun Trinkgläser so mit Wasser füllen, dass die Töne dieser Melodie entstehen, wenn die Gläser mit einem Löffel angeschlagen werden. Musikbegeisterte können sich auch kompliziertere Stücke aussuchen, vielleicht sogar mehrstimmig.

Radio und CD

Kurbeln Sie mit Ihrem Kind einfach am Sendeknopf des Radios oder legen Sie verschiedene CDs ein. Welche Musik hört Ihr Kind am liebsten? Und warum? Achten Sie darauf, dass verschiedene Musikrichtungen gehört werden. Kann Ihr Kind sie unterscheiden? Die körperliche Wahrnehmung ist für Kinder besonders wichtig. Fragen Sie danach, was das Kind bei dieser oder jener Musik körperlich empfindet! Diskutieren Sie mit Ihrem Kind über Musik. Warum findet es diese Musik schön, die andere weniger, warum die eine traurig, die andere lustig? Oder lassen Sie es sich einfach zur Musik bewegen.

Rhythmus

Auch hier genügt ein Radio oder CD-Player. Versuchen Sie, Ihr Kind regelmäßig für die folgende Übung zu begeistern: Sie wählen nacheinander fünf rhythmisch verschiedene Stücke aus. Ihr Kind soll versuchen, sie mitzutrommeln (Dafür eignet sich jede Tischplatte oder Kakaodose). Zuerst wird während des Musikstücks getrommelt. Später wird auch noch weiter getrommelt, wenn das Stück zu Ende ist. Kann Ihr Kind den Rhythmus auch längere Zeit beibehalten?

Konzerte

Nichts kann so für Musik begeistern wie der Besuch guter Live-Konzerte. Ob dies nun klassische Konzerte, Popkonzerte, Opern oder Musicals sind, ist nicht entscheidend. Am besten sollte alles einmal ausprobiert werden. Halten Sie Ausschau nach Schulkonzerten, nach Konzerten oder Musicals von Jugendgruppen in Ihrer Nähe. Es muss nicht gleich das Staatstheater sein.

Musik machen

Wenn Sie spüren, dass Ihr Kind einen Draht zur Musik hat, versuchen Sie, es für musikalische Aktivitäten zu begeistern. Gemeinsames Singen in der Familie gehört dazu. Gibt es einen Jugendchor, ein Jugendorchester, eine Musicalgruppe in Ihrer Umgebung? Haben Sie Möglichkeiten, zu Hause Musik zu machen? Wenn Sie ein Instrument spielen, wäre das ideal, es geht aber auch ohne. Sie suchen sich zusammen mit Ihrem Kind zum Beispiel ein paar Blechdosen, Hölzer, Kübel und sonstige klangfreudige Gegenstände und eröffnen eine Rhythmusgruppe. Wenn Sie ein bisschen geübt haben, können Sie mit Ihrem Kind zusammen beginnen, Musikstücke aus dem Radio oder von der CD rhythmisch aufzufrischen.

Gezielte externe Förderung

Hier ein paar Beispiele, wie Sie die Musikalität Ihres Kindes gezielt fördern können:

Schule

Versuchen Sie herauszufinden, ob der Musikunterricht, der in der Schule Ihres Kindes angeboten wird, auch gut ist. Hier gibt es sehr große Unterschiede, die oft durch das Engagement und Können der jeweiligen Lehrkraft bedingt sind. Musikunterricht in der Schule kann begeistern und motivieren, aber auch die Freude verleiden.

Musikinstrument

Wenn Sie die finanziellen Möglichkeiten haben, lassen Sie Ihr Kind ein Musikinstrument lernen. Dies kann entweder in einer Musikschule geschehen oder zu Hause durch private Lehrer. Es ist auch von unschätzbarem Vorteil, wenn Musikinstrumente jederzeit verfügbar sind.

Chor/Orchester

Wenn die Möglichkeit besteht, ermutigen Sie Ihr Kind, in einem Chor mitzusingen, zum Beispiel im Schul- oder Kirchenchor. Hier erfährt es nicht nur einiges über Musikliteratur, sondern schult auch laufend das Gehör und trainiert die Stimmbänder. Sollte Ihr Kind bereits ein Instrument bis zu einem gewissen Grad beherrschen, wäre auch ein Jugendorchester interessant. Hier werden besonders Präzision, Sicherheit und rhythmische Disziplin gefördert.

Komponieren

Fragen Sie Ihr Kind, ob es nicht selbst Lust hätte, sich Musik auszudenken. Der erste Auftrag könnte ein Geburtstagslied für ein Familienmitglied oder einen Freund sein.

Interessante Adressen

Ferienkurse:

Deutsche Schüler Akademie (DAS)
Godesberger Allee 90
53175 Bonn
Telefon: 02 28 / 9 59 15 40
Telefax: 02 28 / 9 59 15 19
E-Mail: info@deutsche-schuelerakademie.de
Internet: www.deutsche-schuelerakademie.de

Schülerwettbewerbe:

Jugend forscht, Schüler experimentieren
Jugend forscht e. V.
Baumwall 5
20459 Hamburg
Internet: www.jugend-forscht.de

Bundeswettbewerb Informatik
Wissenschaftszentrum
Postfach 20 14 48
53144 Bonn
Internet: www.bwinf.de

Auswahlwettbewerb zur internationalen
Biologie-Olympiade (IBO)
Institut für die Pädagogik der
Naturwissenschaften (IPN) an der Universität Kiel
Abteilung Biologiedidaktik
Olshausenstraße 62
24098 Kiel
Internet: www.ipn.uni-kiel.de

Auswahlwettbewerb zur internationalen
Chemie-Olympiade (IChO)
Institut für die Pädagogik der
Naturwissenschaften (IPN) an der Universität Kiel
Abteilung Chemiedidaktik
Olshausenstraße 62
4098 Kiel
Internet: www.ipn.uni-kiel.de

Landeswettbewerbe Chemie
Förderverein Chemie-Olympiade e. V.
Marbachstraße 3
81369 München

Auswahlwettbewerb zur internationalen
Physik-Olympiade (IPhO)
Institut für die Pädagogik der
Naturwissenschaften (IPN) an der Universität Kiel
Abteilung Physikdidaktik
Olshausenstraße 62
24098 Kiel
Internet: www.ipn.uni-kiel.de

Bundesweiter Wettbewerb Physik
Sekundarstufe I
Deutscher Verein zur Förderung des
mathematischen und naturwissenschaftlichen
Unterrichts e.V.
Felix-Klein-Gymnasium
Böttingerstraße 17
37037 Göttingen
Internet: www.mnu.de

Bundes Umwelt Wettbewerb (BUW)
Institut für die Pädagogik der
Naturwissenschaften (IPN) an der Universität Kiel
Abteilung Biologiedidaktik
Olshausenstraße 62
24098 Kiel
Internet: www.ipn.uni-kiel.de

Bundeswettbewerb Mathematik
Bildung und Begabung e. V.
Bundeswettbewerb Mathematik
Ahrstraße 45
53175 Bonn
Internet: www.bundeswettbewerb-mathematik.de

Auswahlwettbewerb zur Internationalen
Mathematik-Olympiade (IMO)
Bildung und Begabung e. V.
Bundeswettbewerb Mathematik
Ahrstraße 45
53175 Bonn
Internet: www.bundeswettbewerb-mathematik.de

Mathematik-Olympiaden
Mathematik-Olympiade e. V.
Universität Rostock, Fachbereich Mathematik
18051 Rostock
Internet:
ftp://neptun.math.unirostock.de/WWW/mo.html

Mathematikwettstreit „Känguru"
Mathematikwettbewerb Känguru e. V.
Mathematische Schülergesellschaft
Institut für Mathematik
Humboldt-Universität zu Berlin
Unter den Linden 6
10099 Berlin
Internet: www.mathe-kaenguru.de

Adam-Ries-Wettbewerb für die Jahrgangsstufe 5
Adam-Ries-Bund e. V.
Postfach 100102
09456 Annaberg-Buchholz

Schülerwettbewerb zur politischen Bildung
Bundeszentrale für politische Bildung
Referat IV/2
– Schülerwettbewerb –
Berliner Freiheit 7
53111 Bonn

Schülerwettbewerb Deutsche Geschichte
Körber-Stiftung/Schülerwettbewerb
Kurt-A.-Körber-Chaussee 10
21033 Hamburg

Bundeswettbewerb Fremdsprachen
Postfach 20 02 01
53132 Bonn
Internet: www.bundeswettbewerb-fremdsprachen.de

Vorlesewettbewerb des Börsenvereins des
Deutschen Buchhandels e. V.
Börsenverein des Deutschen Buchhandels e. V.
Postfach 10 04 42
60004 Frankfurt
E-Mail: berchtold@bhv.de

Bundeswettbewerb Jugend musiziert
Deutscher Musikrat
Bundesgeschäftsstelle Jugend musiziert
Trimburgstraße 2
81245 München
Internet: www.deutscher-musikrat.de/umu.htm

Schüler machen Lieder –
Treffpunkt junge Musik-Szene
Berliner Festspiele GmbH
Budapester Straße
10787 Berlin
Internet: www.berlinerfestspiele.de/jugend/

Bundeswettbewerb Schüler komponieren –
Treffen junger Komponisten
Jeunesses Musicales Deutschland
Marktplatz 12
97990 Weikersheim
Internet: www.JeunessesMusicales.de

Schüler schreiben
Berliner Festspiele GmbH
Budapester Straße
10787 Berlin
Internet: www.berlinerfestspiele.de/jugend/

Schüler machen Theater
Berliner Festspiele GmbH
Budapester Straße
10787 Berlin
Internet: www.berlinerfestspiele.de/jugend/

Schüler machen Filme
Bundesweites Schülerfilm- und
Videozentrum e. V.
Postfach 19 67
30019 Hannover
Internet: www.up-and-coming.de

Weitere Wettbewerbe finden Sie unter
http://www.learn-line.nrw.de/angebote/
wettbewerbe
oder unter
http://www.bildungsserver.de/wettbew.htm

Begabungsanalyse, Beratung für Eltern:
Youngworld – Institut für Begabungsanalyse
Bundesweite Begabungsanalyse und Beratung
Loristraße 2
80335 München
Telefon: 0 89 / 18 97 02 17
Telefax: 0 89 / 18 79 02 18
E-Mail: youngworld@t-online.de
Internet: www.youngworld-institut.de

Fachbegriffe und Fremdwörter

Algorithmus — Systematisches Rechenverfahren, das zu einer Eingabe nach endlich vielen Schritten ein Ergebnis liefert.

Assessment-Center — Spezielles Auswahlverfahren für neue Mitarbeiter, um ein umfassendes Bild der Bewerber zu erhalten.

Deduktion — Ableitung des Besonderen und Einzelnen vom Allgemeinen; Erkenntnis des Einzelfalls durch ein allgemeines Gesetz.

divergentes Denken — Divergentes Denken bedeutet, offen, unsystematisch und spielerisch an Probleme heranzugehen und dabei Denkblockaden und kritische Einwände auszuschalten.

Elaboration — Die Fähigkeit zur Entwicklung und Ausarbeitung von originellen, neuen bzw. ungewöhnlichen Ideen und Produkten bis hin zur Funktionsreife.

empirisch — Auf dem Wege der Empirie gewonnen, auf Empirie beruhend; erfahrungsgemäß.

Finalismus — Naturphilosophische Lehre, nach der alles von Zwecken bestimmt ist und zielstrebig verläuft.

formal operational — Nach J. Piaget Bezeichnung der letzten Entwicklungsstufe der menschlichen Intelligenz, die ca. im zwölften Lebensjahr beginnt und sich durch die Entwicklung von formalen Denkoperationen bzw. der Fähigkeit zur Abstraktion auszeichnet.

Gestaltspsychologie — Wissenschaft der Wahrnehmung und der Wahrnehmungsprozesse.

hochfrequent — Begriff aus der Physik: mit sehr hoher Schwingungszahl.

Hypothesenbildung — Hypothese: Aufstellung eines wahrscheinlich richtigen, aber noch nicht bewiesenen Satzes.

Imagination — Die Fähigkeit zur bildhaften Vorstellung von Situationen und Gegenständen.

Induktion — Erschließen von allgemeinen Sätzen aus Einzelfällen; Erkenntnis aus Erfahrung.

Informatik	Kurzwort aus Information und Automatik: Wissenschaft von der automatischen Informationsverarbeitung mithilfe von Computern.
Intelligenz	• Emotionale Intelligenz: Selbstbewusstsein, Erkennen der eigenen Emotionen, Selbststeuerung, Motivation, Einfühlungsvermögen in die Sichtweise und Gefühle der Mitmenschen; intuitives, „natürliches" Geschick im Umgang mit anderen. • Existentielle Intelligenz: Das Erfassen und Durchdenken von grundlegenden Fragen der Existenz. • Interkulturelle Intelligenz: Fähigkeit, über kulturelle Schranken hinweg eigene und fremde Verhaltensmuster zu erkennen und dadurch situativ angemessen zu reagieren. • Interpersonale Intelligenz: Fähigkeit, andere Menschen zu verstehen und mit ihnen einfühlsam zu kommunizieren. • Intrapersonale Intelligenz: Fähigkeit, Impulse zu kontrollieren, eigene Grenzen zu kennen und mit den eigenen Gefühlen klug umzugehen. • Körperlich-kinästhetische Intelligenz: Beherrschung, Kontrolle und Koordination des Körpers und einzelner Körperteile. • Naturalistische Intelligenz: Fähigkeit, Lebendiges zu beobachten, zu unterscheiden und zu erkennen, sowie eine Sensibilität für Naturphänomene zu entwickeln. • Multiple Intelligenzen: Von Prof. Howard Gardner in den 80er Jahren des 19. Jahrhunderts geprägter Begriff, der die Existenz verschiedener, unabhängiger Intelligenzen wie zum Beispiel Logisches Denken oder Musikalität postuliert.
Interaktion	Wechselwirkung, wechselseitige Beeinflussung.
intonieren	Töne mit einem Instrument oder der Stimme sauber hervorbringen.
Introspektion	Die nach innen, das heißt auf das eigene Bewusstsein, die innerseelischen Vorgänge, gerichtete Beobachtung.
Kausalität	Zusammenhang zwischen Ursache und Wirkung.
kognitiv	Das Erkennen (Wahrnehmen, Denken) betreffend; erkenntnismäßig.
Kombinatorik	Mathematik: Lehre von den verschiedenen Möglichkeiten, gegebene Dinge oder Elemente anzuordnen, besonders in der Wahrscheinlichkeitsrechnung.

konkret operational	Nach J. Piaget Bezeichnung der vorletzten Entwicklungsstufe der menschlichen Intelligenz, die ca. im achten bis zwölften Lebensjahr lokalisiert ist. Die Wahrnehmung wird hier durch konkretes und systematisches Experimentieren unterstützt.
Konsistenz	Kennzahl für die Homogenität eines Tests.
konvergentes Denken	Konventionelle Art des Problemlösens, nämlich logisch, planmäßig und streng rational.
morphologisch	Die Morphologie betreffend, auf ihr beruhend, zu ihr gehörend; die äußere Gestalt, Form, Bau betreffend.
Motorik	Gesamtheit der willkürlich gesteuerten Bewegungsvorgänge. • Feinmotorik: Bewegungsabläufe mit höchster Präzision, vom Gehirn gesteuerte koordinierte „feine" Bewegungen, wie zum Beispiel Fingergeschicklichkeit. • Grobmotorik: Großräumige Bewegungsabläufe des Körpers.
musikästhetisch	Adjektiv zu Musikästhetik: Disziplin der systematischen Musikwissenschaft; als Teil der allgemeinen Ästhetik die Wissenschaft vom Wesen der Musik.
neuronal	Die Nervenzelle betreffend, davon ausgehend.
Physiologie	Physiologie, Wissenschaft, die sich mit den Lebensvorgängen, den funktionellen Vorgängen im Organismus befasst. • Neurophysiologie: Teilgebiet der Physiologie, das sich mit Funktionsweisen des Nervensystems befasst. • Sinnesphysiologie: Teilgebiet der Physiologie, das sich mit den Funktionen und Leistungen der Sinnesorgane und Sinnesnerven beschäftigt.
präoperational	Präoperationale Phase: Phase des anschaulichen Denkens im Alter zwischen drei und sieben Jahren.
Präparierfertigkeit	Fertigkeit beim Präparieren, das heißt dem Ablösen oder Abtragen von Gewebe zur besseren Sicht auf ein Organ.
Psychometrie	Möglichst objektive Erfassung psychischer Funktionen und Persönlichkeitsmerkmale mit Hilfe von Tests.

Reliabilität	In der empirischen Sozialforschung die Zuverlässigkeit und Genauigkeit eines Messinstruments.
senso-motorisch, sensomotorisch	Adjektiv zu Sensomotorik: Zusammenspiel von Empfindungen (Sensorik) und Bewegungsabläufen.
sensorisch	Die Sinnesorgane bzw. die Aufnahme von Sinnesempfindungen betreffend.
soziokulturell	Die Gesellschaft und ihre Kultur betreffend, gesellschaftlich-kulturell.
Syllogismus	Aus zwei Prämissen gezogener logischer Schluss vom Allgemeinen auf das Besondere.
Testeichung	Phase der Testkonstruktion, durch die Standardnormen gewonnen werden.
Validität	Gültigkeit, Testgütekriterium; die Gültigkeit eines wissenschaftlichen Versuchs oder eines Messverfahrens.
Variable	Veränderliche Größe.
Vestibulum	Erweiterung eines Organeingangs, zum Beispiel Teil des Innenohrs.

Die vorliegenden Begriffserklärungen wurden zu großen Teilen entlehnt und entnommen:

- Duden – Das große Wörterbuch der deutschen Sprache in zehn Bänden
- Brockhaus – Die Enzyklopädie. 20., neu bearbeitete Auflage. Leipzig, Mannheim: F.A. Brockhaus 1996-99
- http://www.xipolis.de – das Wissensportal der Verlagsgruppen Holtzbrinck und Bibliographisches Institut & F.A. Brockhaus AG

Literaturliste

Literatur, die wir zitiert oder inhaltlich verwendet haben:

Steve Biddulph	Das Geheimnis glücklicher Kinder	Beust-Verlag	München	1999
Steve Biddulph	Weitere Geheimnisse glücklicher Kinder	Beust-Verlag	München	1999
Steve Biddulph	Jungen! Wie sie glücklich heranwachsen	Beust-Verlag	München	1999
Norbert Bischof	Das Kraftfeld der Mythen	Piper Verlag	München	1998
Heidrun Bründel / Klaus Hurrelmann	Einführung in die Kindheitsforschung	Beltz-Verlag	Weinheim und Basel	1996
Bundesministerium für Bildung und Forschung	Begabte Kinder finden und fördern	BMBF Publik	Bonn	2001
Klaus Carl	Talentsuche, Talentauswahl und Talentförderung, Studienbrief der Trainerakademie Köln des Deutschen Sportbundes	Verlag Karl Hofmann	Schorndorf	1988
Charles Jackson	Testen und getestet werden	Verlag Hans Huber	Bern	1999
Dalai Lama	Der Mensch der Zukunft	Scherz-Verlag	Bern, München Wien	1998
Bruno Ernst	Der Zauberspiegel des M.C. Escher	Benedikt Taschen Verlag GmbH	Köln	1994
Howard Gardner	Intelligenzen	Klett-Cotta	Stuttgart	1999
Howard Gardner	Abschied vom IQ	Klett-Cotta	Stuttgart	1991
Howard Gardner	Dem Denken auf der Spur	Klett-Cotta	Stuttgart	1992
Howard Gardner	So genial wie Einstein	Klett-Cotta	Stuttgart	1996
Howard Gardner	Der ungeschulte Kopf Wie Kinder denken	Klett-Cotta	Stuttgart	2001
Howard Gardner	Die Zukunft der Vorbilder	Klett-Cotta	Stuttgart	1997
Howard Gardner	Kreative Intelligenz	Piper Verlag GmbH	München	2002

GEO Wissen	Mensch und Kommunikation	Gruner & Jahr	München	2001
Daniel Goleman	Emotionale Intelligenz	dtv	München	1997
Ernst Haeckel	Kunstformen der Natur	Prestel Verlag	München	1998
Edith Jähnke	Begabungsprofile von durchschnittlich und überdurchschnittlich begabten Kindern, Magisterarbeit	Universität zu Bonn	Bonn	2001
P. H. Lindsay, D. A. Norman	Psychologie	Springer-Verlag	Berlin	1981
Toni Meissner	Wunderkinder	Verlag Ullstein	Frankfurt/Main	1991
Klaus Derick Muthmannchen (Hrsg.)	Musik und Erleuchtung, Der Weg der großen Meister	Verlag Max Hieber	München	1984
Oerter/Montada	Entwicklungspsychologie	Psychologie Verlags Union	München-Weinheim	1987
Johannes Rademacher	Musik	Verlag Dumont	Köln	1995
Jürgen Rost	Testtheorie Testkonstruktion	Verlag Hans Huber	Bern	1996
Ingrid Scharlau	Jean Piaget zur Einführung	Junius Verlag	Hamburg	1996
Uwe Sehlbach	Sportwissenschaften und Trainingspraxis	SFT-Verlag Erlensee	Dortmund	1995
Lawrence E. Shapiro	EQ für Kinder	Scherz-Verlag	Bern, München, Wien	1998
Spektrum der Wissenschaft Spezial	Intelligenz	Spektrum der Wissenschaft Verlagsgesellschaft mbH	Heidelberg	1999
Heinz-Elmar Tenorth	Geschichte der Erziehung	Juventa Verlag	München/Weinheim	1988
Ludwig Wittgenstein	Tractatus logico-philosophicus	Suhrkamp Verlag	Frankfurt am Main	1963
Mark Wittmann Andreas Eisenkolbburg Christoph Perleth	Neue Intelligenztests	Augustus Verlag	Augsberg	1997
Wieland Ziegenrücker	Allgemeine Musiklehre	Verlag Goldmann Schott	Mainz	1979
P. G. Zimbardo	Psychologie	Springer-Verlag	Berlin	1983

www.youngworld-institut.de

BegabungsCheck für 5- bis 13-Jährige

Die persönliche Begabungsstruktur eines Kindes geht weit über die reinen Schulleistungen hinaus – sie umfasst den ganzen Menschen und seine individuellen Möglichkeiten. Schulleistungen sagen nur wenig über den Lebenserfolg eines Kindes aus.
Mit Hilfe des youngworld-Begabungs-Checks können Eltern ihre eigenen Beobachtungen und Vermutungen durch einen objektiven Test abgleichen und sich selbst Gewissheit darüber verschaffen, was wirklich in ihrem Kind steckt

Wir entdecken Talente!

KarriereCheck für Jugendliche ab 16 Jahren

Die meisten Schüler wissen nicht so genau, wie es nach der Schule weitergehen soll. Dabei ist es heute mehr denn je entscheidend, Kinder und Jugendliche rechtzeitig in ihren Fähigkeiten zu fördern und zu fordern.
Da setzt der KarriereCheck des youngworld-Instituts an:
Mit einem modernen wissenschaftlichen Testverfahren werden die wirklichen Begabungen und beruflichen Neigungen Jugendlicher und junger Erwachsener ab 16 Jahren herausgefunden. So muss nicht herumprobiert werden, der Frust des Scheiterns bleibt den Jugendlichen erspart.

Unternehmensservice

Youngworld bietet Leistungs- und Persönlichkeitstestverfahren zur Auswahl von Auszubildenden, Mitarbeitern, Nachwuchs- und Führungskräften. Personalentscheider erhalten ein ausführliches Profil der Bewerber, mit dem sie gezielt weiterarbeiten können.
Die Testentwickler von youngworld erstellen zusammen mit der jeweiligen Unternehmensleitung ein individuelles Anforderungsprofil. So entsteht ein Testverfahren, das exakt auf die Bedürfnisse des Unternehmens abgestimmt ist.

Loristraße 2
80335 München

fon: 089-18 97 02 17
fax: 089-18 97 02 18
mobil: 0173-3 59 03 14

www.youngworld-institut.de
e-mail: youngworld@t-online.de

Geschäftsf. Gesellschafter:
Dipl. Soz. Päd.
Thomas von Krafft

youngworld
Institut für Begabungsanalyse

Begabungsprofile
Karriereprofile
Unternehmensservice